扉写真◎Ostrovski Tatiana氏提供
表紙写真◎1960〜70年代の旧ソ連の人びと

平野洋 著

ドイツ・右翼の系譜

21世紀、新たな民族主義の足音

現代書館

ドイツ・右翼の系譜＊目次

序　文……5
第一章　東ドイツ人――ナショナリズムについて語る……9
第二章　ナショナリズムとしての反ロシア……77
第三章　ナショナリズムについて語ろう――西ドイツ人の場合……87
第四章　ポーランド……152

第五章　ユダヤカード……194
あとがき……230

装幀　渡辺将史

序文

「Trilogie《テリロギィ》ね」

友人のドイツ人は云った。

「Trilogie《テリロギィ》？」

私はその言葉の意味がわからずきいた。

「Trilogieというのは三部作のことよ」。

彼女は言った。

ああ、なるほど……。


私はいままでにドイツについて二冊のルポ作品を上梓した（『伝説となった国・東ドイツ』『東方のドイツ人たち』。ともに現代書館より）。

処女作『伝説となった国・東ドイツ』は、冷戦時代から再統一後の東ドイツの様子を描き、二作目『東方のドイツ人たち』では、ドイツ人としてのアイデンティティ（存在証明）の問題を外国出身、あるいは東欧在住のドイツ人たちへのインタヴューを通して描いた。本書では、古くて新しい問題、ドイツ人のナショナリズムについて報告する。

この三作品はいずれも異なる主題を扱っており、三部作ね、と言われたときそれはちょっと違うと思った。しかし、冷戦時代からEU（ヨーロッパ連合）の時代にと、時代の流れに沿ってドイツを取材してきたことを考えれば、当たらずとも遠からず、といえるかもしれない。

本書の主題であるナショナリズムの問題はこの国では長らく禁忌《タブー》扱いだった。それはナチ時代とは切っても切れないドイツ人の急所ともいえるからだ。何人の政治家がこの禁忌に触れその政治生命を失ったことか。しかし、ベルリンの壁崩壊（一九八九年十一月九日）以降、風向きは変わった。この禁忌に果敢に挑戦する動きがはじまる。ナショナリズムの問題はネオナチなどの少数〝狂人集団〟の独占物ではなくなった。自国の歴史をナチズムとの関連のみで語られることに苛立ちを募らせるドイツ人たち。外国の目を慮ることなく「自前の歴史」を持ちたいと願う草の根保守の動きをもうおさえることはできない。

その動きの象徴がＢｄＶ（強制移住者同盟）だ。旧ソ連・東欧地帯には中世以来多くのドイツ人が住んでいた。第二次大戦後、彼らはその故郷を着の身着のままで追放された。その数およそ一五〇〇万人。うち二〇〇万人がドイツ本国に向かう道中、飢えや病気に斃れあるいは復讐により殺された。一九五七年、西ドイツでは彼ら元難民による巨大な圧力団体――ＢｄＶ――が産声を上げた。彼らは戦争で失った故郷（旧東部ドイツ領）の回復を求め、政治の場においては露骨にその影響力を行使した。ＢｄＶは、右翼が右翼として存在できなかった戦後西ドイツでの唯一の〝公の場〟であった。

「失礼ですがね、あなた頭がおかしいんじゃないですか」（ＢｄＶ・ベルリン地区代表）、「馬鹿馬鹿しい！　そうやって何でもユダヤ人のせいにするのよ！」（月刊誌『ユダヤのベルリン』記者）。
今回の取材ではこんな怒声を浴びた――。

ＢｄＶのベルリン代表と、ドイツ在住のユダヤ人女性記者とのインタヴュー時に投げつけられた言葉だ。

わたしは、イタリアのある女性ジャーナリストのように意図的にインタヴュー相手を怒らせる漫画的な取材方法はとらない。しかし相手がこの質問に不快を感じるだろうと思われることでも頑張って聞かねばならないことはある。ＢｄＶのベルリン代表には、ＢｄＶと極右政党ＮＰＤ（国家民主党）との関係についてきいたときであり、ユダヤ人記者には、なぜ多くのナチ被害者の中でユダヤ人だけがドイツ政府からいつも優遇されるのか、といったことに関する質問だった。

取材は常にたいへんだ。しかし今回の取材はいままでとはまた違ったたいへんさが加わった。相手の顔色が変わり、〝出てけ！〟といわれそうな雰囲気を何度か経験し、まさにそれゆえに、このナショナリズムの問題はＥＵの時代のドイツにとり最大の課題であるという思いを強めていった。

世界のＧＤＰ（国内総生産）の約三〇パーセントを占めるＥＵ。その主役を務めるドイツ。その存在感は日増しに増す。

「夢よふたたび」と願うドイツ人はいないだろう。しかし「主役」にふさわしい待遇をうけていない、と思うドイツ人は少くない。ナショナリズムの発生だ。

いま、この国で起きている動きは、将来のＥＵ市民誕生に向けての通過儀礼、あるいは終焉を迎えようとする民族国家の断末魔なのだろうか。それとも体よくＥＵの衣を纏いながら、じつはドイツ人の覇権を求める動きなのか。

取材中、私は歴史の重みに制約され、しかしその限界を乗り越えようとする人びとから、その息づかい、「時代精神」といったものを幾度も感じた。本書によってそれが　幾ばくかでも伝えられることができれば著者にとってこれほどの喜びはない。私にとってある意味ドイツ・ルポの集大成となる本書を世に問う由縁でもある。


（取材は二〇〇六年から二〇〇八年にかけておこなった。また登場人物の職業・年齢はインタヴュー時のものです。また一ユーロは一七〇円と換算した。

本文中引用のドイツの各新聞については次のような略記も併用します。『フランクフルター・アルゲマイン』紙（ＦＡＺ）、『フランクフルト・ルントシャウ』紙（ＦＲＺ）、『南ドイツ新聞』（ＳＺ）、『ベルリーナー・ツァイトンク』紙（ＢＺ）、『ターゲスツァイトンク』（ＴＡＺ）。

第一章　東ドイツ人――ナショナリズムについて語る

右翼の動きがやまない。

ドイツ憲法擁護庁の報告によると、二〇〇六年の極右による犯罪件数は一万七五九七件（〇五年・一万五三六一件）、うち暴力事件は一〇四七件（〇五年・九五八件）である。（憲法擁護庁報告二〇〇六年。）まさに「悲しむべき記録」で、「これは二〇〇七年にはさらに更新されるだろう」と反差別に取り組む市民団体代表U＝ヘイ氏は語る。[注1]（日刊紙『フランクフルト・ルントシャウ』〇七年十一月二十七日）。超国家主義政党のNPD（国家民主党）が力をつけていることも同報告書では指摘している。過激な民族主義を唱え、憲法擁護庁の監視下にある同党は、〇四年のザクセン州議会選挙で九・二％（十二議席獲得・総議席一二一。現在八議席・四人が離党したため）、〇六年九月のメッケンブルクフォポマ州議会選挙で七・三％（六議席獲得・総議席七一）を獲得している。

何か苛立っているな、とドイツ人たちを見ていて私は思う。

一九九〇年のドイツ再統一以来、同国ではナショナリズムの問題を、当初は小さな声で、いまでは堂々と語るようになった。この問題を「荒れすさむ東ドイツ人」の「アイデンティティ探し」に矮小化することはできない。なぜならこのドイツナショナリズムの象徴として、近年、隣国ポーランドやチェコから槍玉に挙げられるのが、戦後西ドイツにつくられたＢｄＶ（強制移住者同盟）だからだ。ナショナリズムは旧東ドイツの専売特許ではない。

しかしナショナリズムは社会の下層の人たちに端的に現れることも事実だ。現に先の二つの州議会選挙でのＮＰＤの躍進、また同党の友党であるＤＶＵ（ドイツ民族同盟）もブランデンブルク州に六議席（総議席八八議席）を獲得している。この三州、いずれも旧東ドイツ地帯――失業率は西の二倍、平均所得は西の七割（〇七年）――だ。また東ではネオナチの闊歩する〝民族解放区〟がつぎつぎとつくられている。

私の取材は、まずその極端からはじまった。

〝ヴォツェンという町がすごいらしい〟。

ライプチヒの友人たちは口々にいった。

地元の新聞記事を集める。瞬く間に同町に於けるネオナチに関する記事は集まった。たとえば、同町の〈ナショナルフロント〉という「ナチの店」に警察の手入れが入った、等々の記事だ（たとえば地域紙 KREISZEITUNG-Muldentaler 06, 2, 25/6）。

私がその町を最初に訪れたのは〇六年の春だった。

ライプチヒから電車でおよそ二〇分の所にある人口約一万八〇〇〇人（〇六年）のこの町は、ドイツでは「ちょっと有名な町」であった。〇四年の町議会選挙（総数三一議席）で三人のＮＰＤ（国家民主党）議員を誕生させ話題を呼び、また同町の「ナチの店」――極右ロック音楽のＣＤやナチの象徴をほのめかす記章や服などの販売――もメディアが注目する由縁だ。

私は同町に住む知人とその「ナチの店」に行ってみた。駅から歩いて一〇分足らず、ヴォルター＝ラテエナウ通りにそれはある。この通りの名になっているヴォルター＝ラテエナウ（一八六七〜一九二二）はワイマール時代の外務大臣で、一九二二年六月国粋主義団体の団員によって暗殺された。暗殺の理由の一つに彼がユダヤ人であることもあげられた。

店は黄色い壁塗りの家で看板もなく、知らなければその前を素通りしてしまう。

〝御用の方は呼び鈴を押してください〟の張り札に、知人は呼び鈴を押したが、建物の隣の庭の塀越しに犬のほえ声が聞こえるだけで何の反応もない。店の入り口のガラス扉をよく見ると、開店は十三時から一九時までとなっていた。いまはお昼だ。時刻がすこし早すぎたようだ。

私は知人と町をブラブラと散策した。教会と小さな広場というヨーロッパではどこにでもある、何の変哲もない小さな町だ。

友人のドイツ人女性は八〇年代半ばの東独時代、運転免許を取るためにライプチヒからわざわざ同町の教習所に通ったと話す。理由は、人もまばらで車などほとんどないから、練習は簡単だろうと思ったからだ。しかし資料によるとこの町往時はなかなかの繁栄ぶりだった。

(Statisches Landesamt des Freistaates Sachsen/Stadtarchiv Wurzen)

一八三九年、ライプチヒ・ドレスデン間に鉄道が敷かれ両市の中継

「ナチの店」。

地として町は活況を呈した。町には絨毯工場や穀物倉庫がつくられた。文化面でも詩人のヨアヒム＝リンゲルナッツ（一八八三〜一九三四）の生誕地がヴォツェンである。

戦後、一九七二年に人口は最大になる（約二万四〇〇〇人）。その後は過疎化の波に襲われ、とくに統一以降は人口流失に拍車がかかり〝死に絶えた町〟となった（一九九〇年に約一万九〇〇〇人の人口が〇四年には一万五〇〇〇人に減少した）。

九〇年代半ばから旧東ドイツでは市町村の大合併がはじまり、ヴォツェンも近隣の町村との合併で面積は〇四年時の二三平方キロメートルから現在（〇六年）の六八平方キロメートル（人口一万八〇〇〇人）へと拡大した。失業率は、ザクセン州全体の年平均約一九パーセント（〇四年）に比べ、若干低い一六パーセント（〇四年）だ。ただこれは、求職者、つまり若者たちが町を離れた結果だという。職を求める人が少なければ失業率は下がる。

知人の案内でビール（麦酒）が安く飲めるというクナイペ（飲み屋）に行った。五、六人の客がおり、知人は彼らに挨拶を交わす。私たちもビールを注文する。知人から、私が日本人であることをきいた客の一人が、「この間、すしを食べたがなかなかいけるよ」といって笑った。かれらは常連客らしくそこで働く中年の女給と軽口をたたいていた。一人の客が何か粗相をしたとき、彼女は〝ニッガー〟（クロンボ）といった。べつに棘のある調子ではなく戯言めいた物言いであったが、なるほど、こういう言葉が日常に紛れ込んでいるんだな、と思った。

同町には反差別に取り組む二つの市民団体、〈ＮＤＫ〉（民主的文化のためのネットワーク）と〈アマール〉（アラビア語で〝希望〟の意）がある。この二つの団体は同町を中心に右翼の暴力による犠牲者の救済、地元の若者たちの啓蒙活動に取り組んでいる。

〈アマール〉ではドイツ人のインゴ＝シュタンゲさん（三五歳）とパレスチナ人の男性ジャミールさんが働く。インゴさんに話を伺った。

小柄で俊敏な動作が印象的な彼はライプチヒ大学で演劇学を専攻、ヴォツェンには九三年から住み、〇一年から〈アマール〉で働く。

まず町の一般的な状況から話をきいた。

「状況は数年前に比べ落ち着いてきている。町に外国人は少ないしね。統一後、町に難民施設ができたが襲撃され九一年に施設は西ドイツに移された。でも極右から襲撃されるのはドイツ人がほとんどなんだ。たとえば、〇一年に〝若者の出会い祭〟があり、三〇人ぐらいのネオナチがバットを持って殴りこんできたこともあったよ」

〈アマール〉の事務所に筒み爆弾が仕掛けられたことがあった。〇四年の十一月だ。

その日、朝事務所に来てみるとガラスなどが割れている。あたりを見回すと起爆装置のようなものがあり二カ所に仕掛けられていた。幸い爆弾は犯人が思ったようには爆発しなかった。警察が言うには、「頭のよい奴が作った手製爆弾」だった。事務所に投石されることもしばしばだ。唾を吐きかけられることなどほぼ毎日だ。「朝、事務所に来てみると汚くてね」。――しかし爆弾はザクセンでもはじめてだ。

極右だけが問題なのではない。人びとの無関心も大問題だ、とインゴさんはいう。

「町は、僕たちの話に聞く耳を持たない。町には何の問題もない、それを何かあるかのように騒ぐ

インゴ＝シュタンゲさん。事務所にて。

連中がいるとね、そういう態度だ」

「学歴のある者はどんどん町を去っていくしね。残るのは成績の悪い者とか財政的に町を離れられない者とかで。この町は東ドイツ時代から極右活動があり秘密警察（シュタジー）の調査でネオナチが発生していたとの報告があったときくよ」（私はこの報告書の有無を確かめるためにライプチヒにあるシュタジー会館に記録公開の手続をおこない東独時代のヴォッツエン地帯に右翼的な動きがあるとの報告書の存在を確認した。——〇八年二月）。

　社会主義時代、東ベルリンには有名なネオナチ団体があった。公然の秘密だ。社会主義国にネオナチが、と驚いたが、元秘密警察少佐の知人によると、カギ十字《ハーケンクロイツ》の落書きなど「しょっちゅうあった」。

「町内のベトナム人の店などもよく窓ガラスが割られ放火されたこともあった。でも、警察はベトナム人マフィアの仕業だと、ろくに捜査もしない。警察には納得できないことが多いよ。彼らは被害者を犯人扱いする。外国人が襲われ警官が駆けつける。彼らはまず、外国人に滞在許可書の提示を求める。加害者のドイツ人が話をでっちあげ、満足にドイツ語のできない外国人はいいたいこともいえず犯人扱い。これはよく起こるよ」

「たしかに東ドイツ時代から、ベトナム人に対する風当たりは強かったね。それにユダヤ人に関するたちの悪いいわゆるアウシュビッツ冗句《ジョーク》、といったものもあったしね」

――東ドイツ時代、ナショナリズムは強かった？

「五輪、経済と東ドイツは常に一番と。その意味では西ドイツよりナショナリズムは強かった。それにSED（共産党）の宣伝と現実がかけ離れすぎて国際連帯とかいっても人びとは白けていた」

「最近の右翼は利口だよ。左翼の手法を取り入れてね。チェ＝ゲバラのTシャツを着たりパレスチナの襟巻きをしたりで一見してネオナチとは分からない。それに彼らは若者たちの面倒をよくみる。地域の倶楽部《クラブ》にビール一箱差し入れたり、CDを配ったりして彼らのイデオロギーを吹き込んでいくんだ。そして倶楽部はいつの間にかナチの倶楽部になっている。NPDもよくそうするね」

警察官の中にはナチに親近感を寄せる者も少なくないとインゴさんはいう。

「以前ディスコで顔見知りの警官にいわれたよ。彼はその日非番だった。一杯機嫌で〝君たちのしていることなど無駄なことだね。俺たちの中には多くの親ナチがいるんだから。まあ、あまり俺たちを煩わせないでくれ〟と面と向かっていわれたこともある」

私は同町の警察に電話で取材を申し込んだが、極右の活動は「現在沈静化しており、特にお話することはない」というものであった。

インゴさんは町ではちょっと有名だ。ネオナチに因縁をつけられたりもする。気軽に飲み屋やディスコに行けない。

「飲み屋でも、ネオナチなんかごろごろしているだろう。〝ああ、あいつら俺をみているな〟とか、そんな風に気を遣うのはしんどいじゃないか。それなら家にいたほうがいいよ。（萎縮することで）生活の質が悪化したね」

つまり、我われ外国人とおなじ思いをするんだね！　と私は思わず言った。

「そうなんだ」

私はある出来事を思い出した。〇六年の春ライプチヒでのことだ。夜、一〇時頃だった。街中で、前から四人の若者が歩いてくる。わたしとすれちがった。ただそれだけだ。しかし、わたしは前方にドイツ人らしき若者を確認した途端、無意識にポケットにつっこんでいた手を抜き軽く拳を固めていた。なぜ、おれは……と、あとになって気づいた。インゴさんのいう「生活の質が悪化し」た一例だろう。

いま町は平穏を取り戻している。この町も忘れ去られていくはずだっただ。しかしこの年の夏、町をいっそう有名にする事件が起こった。

〔追記　アマールの事務所は〇六年六月に同町の別の場所に引っ越した。〕

〇六年十一月、私は同町を再訪した。

事の発端はこうだった。

町の街路名の一つにナチ時代の町長の名を冠して、その栄誉を称えようという提案が同年夏、地元の元歴史教師（現在、年金生活者）から出された。

ヨーロッパでは人の名を冠した街路名が多い。前述した「ヴォルター＝ラテエナウ通り」とか「ベートーベン通り」などだ。旧東独地帯では急速に市町村の合併が進み町と村で同名の街路名があり、新たな名をつける必要がうまれている。

　私はその提案者に取材を申し込んだが、「来月、手術を受けなければならないし、家の者からも（外国人からのインタヴューなど）負担になるようなことはやめるようにと言われている」とのことで断られた。そこでインゴさんの話や新聞記事から話を構成すると次のようになる。

　一九四五年四月、アメリカ軍の攻撃を前にＡ＝グレバート町長（一八九八〜一九四七。在職三九年〜四五年）は降伏を決断した。周知のように、ヒトラーは各都市に徹底抗戦を命じ降伏を許さなかった。それに逆らってヴォッツエンをすんでの所で無用の破壊から救ったグレバート町長の功績を称えようというのが提案の主旨だ。

　しかし、とインゴさんらの市民団体は疑義を呈した。

　当時、町長に降伏を迫ったのは、一人の共産主義者ともう一人の社会民主主義者であって功績を町長一人に帰すことはできない。また何といっても町長はナチ党員（三五年に入党）で、ユダヤ人の輸送に関っていた疑いがある、というものだ。だから、とインゴさんはつづける。「町長の当時の役割をよく調べましょう」と町に提案した。

　前述したように町には「ナチの店」があり、ＮＰＤ（国家民主党）の町会議員ありで、その上に街路名にナチ時代の町長の名を――、ということで、地元のテレビや新聞にも取り上げられ町はふたたび有名になる。

「町長（ＣＤＵ・キリスト教民主党）は、僕たちが町の名を汚すとテレビを見て怒り狂っていた。もうこの提案はなしだ、と話を打ち切ろうとしているが、どうなることか」

とインゴさんは語る。
○七年十一月、一年ぶりに私は同町を訪ねた。その後どうなったのか。一言でいえば、この話は立ち消えになった。町は、人名ではなく自然物から街路名をとる方針だ。私は町側の言い分を聞きに役場を訪ねた。
町長室長W＝ザイヒター氏（五三歳）に話を伺った。ザイヒター氏は、東ドイツ時代は技術者として働き九二年から同町の室長職に就いている。敬虔なキリスト教徒でもある。

インタヴューの日は霧雨の降る肌寒い日で、傘をもたず濡れ鼠になって現われた私を、秘書の若い女性はわらっていった。「あら、あなたは雨も連れてきたんですか」。

氏は事の経緯をつぎのように語った。

「東ドイツ時代は、グレバート町長の功績は閑却されていました。かれはナチ党員でプロテスタントでしたからね。しかし、当時、町長は大変危険な状況のなかあの決断を下したのです。前門にはアメリカ軍、後門には狂信的なナチが目を光らせ降伏すれば即裏切り者と殺されてしまう。敬虔なキリスト教徒であった彼は悩みに悩んだ末、教会に行きそこで〈お告げ〉をうけた。降伏しなさい、と。こうして町長は町を救ったのです」

こう語る、氏の目頭も幾分赤くなる。

「ですから、彼の銅版画と肖像画を役場で飾っている。べつに町長を神聖化するつもりはありませんが、その功績は称えようと」

ユダヤ人輸送に関った可能性について問うと、「まったくの間違いです。人は彼がナチ党員であったことで自動的にユダヤ人と結びつけるんです」。

街路名変更には、

「反対する人たちがいて取りやめになりました。問題をこれ以上長引かせて町の名を貶めることは避けなければ。べつに市民団体のことを否定しているわけではありません。彼らは良いこともしている。しかし、あの若者たちはあるイデオロギーに染められていますからね」

――街路名変更の提案は再浮上してくることはありえますか。

「それはありえますね。でもいまはありません」

グレバート町長のご子息ハンス＝アドルフ＝グレバート氏（一九二八年生まれ）からも、ザイヒター氏同席の上でということで町役場で話を伺った（インタヴューは〇七年十一月）。

ご子息によると父親は積極的なナチ党員ではなく、当時の状況に受身に適応したに過ぎないとのこと。町長はその後ソ連軍に拘留され四七年に獄死した。その死は五〇年後に家族に通知された。町を救った話は家族の中では伝えられており、統一後、氏も新聞に投稿をしたりする。

「しかし当時人びとは消費に夢中で歴史どころではなかった。バナナを買ったりね（笑い）」

戦後五〇周年の一九九五年に町史の掘り起こしということで新聞などで取りあげられる。同年（九五年）に元町長の銅版画が、〇六年十一月に肖像画が役場に飾られた。同席のザイヒター氏は「（肖像画は）街路名変更の提案を取り下げたので、その代わりというわけです」と語る。

ご子息に同町の市民団体について伺うと、

「彼らは若いからね。物事を白黒でしか見ない。父の降伏の決断に、恐くなったからだとか、生き

ザイヒター氏。右の肖像画はグレバート町長。町役場にて。

延びたい一心でとか言っているが許しがたいことだ。意図的に煽っている。意図的にね」

そうやって……と隣に座っていたザイヒター氏は立ち上がって仕事机に向かいながら、背中越しにいった。

「金を手に入れようというわけですな」

その後私は一つの資料を手に入れた。それは、一万一〇〇〇人のユダヤ人の子どもたちがドイツ帝国鉄道によってアウシュビッツに輸送された行程表だった。ザールブルュッケンからアウシュビッツまでの日程表（一九四三年十一月一日より）にはつぎのような記載があった（一部略す）。(11000 judische Kinder Mit der Reichsbahn in den Tod. Bundesminister für Verkeher Herrn Wolfgang Tiefensee Invalidenstr. 44 10115 Berlin)

家畜用列車一一時四五分。ザールブルュッケン一時一八分到着・一時三〇分発車、ハンブルク二時一五分着・二時十七分発車、ファスドルフ十二時〇〇分着、エアフルト一四時〇三分着・一四時一九分発車、ヴォツェン一九時四二分着、ドレスデン二一時三六分着、二二時五三分発車～アウシュビッツ一六時四九分着。

列車の発着でヴォツェンなど着の表記しかない町が幾つかある。これについてある研究者に聞くと、駅は通常の列車の発着があり、それが一通り終わるまで駅の傍で待機していたのではとのことだ。

二〇〇八年二月、〈アマール〉は解散した。

ドイツには多くの市民団体、日本でいう非営利活動団体（ＮＰＯ）がある。団体の多くが国・市町村などから補助金を受けている。ドイツでも財政難を理由に補助金削減がはかられ〈アマール〉もその対象になった。

インゴさんは語る。

「僕らはマスコミにも積極的に発言し警察も批判してきたから国にとっては煙たかったのだろう」

「再就職は大変だけど、でも経験もあるし同じ仕事をやっていきたい。ライプチヒかドレスデンで働くことになるかな。心配なのは（同僚のパレスチナ人の）ジャミールのことさ。ドイツへの帰化申請中だけど失業者だと国籍収得は難しくなる」

補助金打ち切りの理由は、経費削減とネオナチの動きの沈静化が挙げられた。つまり、市民運動の活動によって極右の動きが鎮まると補助金は打ち切られる。逆にいうと、ネオナチが暴れまわる地域だと補助金がすぐに下りる。インゴさんのいう「極右が強ければ強いほど僕たちは感謝しないといけないという馬鹿げた状況」が至る所にある。

ある市民団体では、ここらで、いっちょう〝ハイル、ヒトラー〟でもやったろかといった冗句《ジョーク》がでるぐらいだった。

私は〈アマール〉と同じ建物にあるもう一つの市民団体ＮＤＫ（民主的文化のためのネットワーク）

の人たちからも話をきいた。

同団体は〇七年十一月ザクセン州から反人種差別・人権擁護に貢献したとして表彰された。また同団体にはポーランド人やフランス人など多くのEU域内の若者たちが働く。これはEUによる若者交流事業の一環で、このような人的交流がEU域内では数年前からはじまっている。

ミロ＝Jさんは西ベルリン出身の一九七九年生まれ。大学では政治学を専攻した。〇六年の三月から同団体で専従として働いている。

ミロさんに最近のドイツナショナリズムの動向、また東西ドイツ人の歴史観についてきいた（インタヴューは〇七年十一月）。

「ベルリンの壁が落ちるとNPDや極右は東になだれ込んできた。かれらは西ドイツではとても出来ないことを東ドイツでする。NPDは東の州議会選挙で議席を獲得し経験を積む。そして資金や人材を今度は西ドイツに送りこみ選挙戦を展開するんだ」

「右傾化は西ではまず知識人が口火を切る。『フランクフルター・アルゲマイン』紙（保守系高級紙といわれる全国紙。以後FAZと略す）などで意見を発表しそれが大衆に伝わっていく。暴力といった過激な形の東とちがい流麗にナショナリズムが進む（笑い）。でも、ナショナリズムの強さでは東西に違いはないと思う」

―西の極右たちは東ドイツに次々と拠点を築いているね。

「たとえば（ライプチヒ近郊の町）ボルナでは極右の動きが非常に活発になっている。いま、向こうの市民団体と連絡を取っているよ」

—極右だけではなく一般の人たちの動きについては。

「西ドイツでは、冷戦時代をとうし反ソ・反東欧宣伝が浸透している。BdV（強制移住者同盟）の主張がすんなりと受け入れられる土壌がある。——ソ連・東欧から酷い目に合わされた被害者としてのドイツ人というものだ。彼らには加害者意識はない。いま、新たにロシア・東欧に対してナチ犯罪を反省するなんてとてもじゃないけど無理だ。そんなこと言えば、〝やつらがドイツ人に何をしたか知らんのか！〟とくる。自分たちの被害を軽んぜられてたまるか、という思いは西ドイツ人にはしっかりある」

NDKの事務所。右の女性がフランスから来たアリスさん。彼女は1年間ここで働く。

—歴史の再評価もあるのでは。たとえば中世のドイツ人の東方移民によってロシア・東欧を文明化したとか。

「それは極右が言っているが、僕はそこまで考えたことはなかった。確かにそれが出てくることはありえるけれど。（それよりも）文化、ゲーテとかシラー、ヘーゲル……。あるいは戦後の奇跡の復興——いつもナチがらみではなく、こんな話もしていいのではないか、という思いが人びとにはある」

—東ドイツ人の歴史観はどう？

「東ドイツ時代の教科書ではソ連・東欧でのナチ犯罪が徹底してやられ、ユダヤ人虐殺は隅に追いやられていた。西ドイツとは正反対だよ」

しかし、と私は思った。一般の東ドイツ人のソ連・東欧に対する意識はとても反省しているといったものではなかった。

一九八九年の春、私の留学先のライプチヒでのこと。ベルリン出身のドイツ語の女性教師（当時三〇歳）が、第二次大戦終結時のソ連兵のドイツ人に対する蛮行について語るのをききながら、政府の公式見解――ドイツ人民をナチから解放したソ連軍――とずいぶん違うものだと思ったものだ。

――ユダヤ人とロシア・東欧人たち。ともに同じナチ犯罪の被害者でありながら、ユダヤ人を優先するのは損得勘定か。

「それは違うのでは。ナチはユダヤ民族の絶滅をはかった。ロシア人や東欧人は奴隷にしようとした。その違いはある。――確かにロシア・東欧についての加害は話さないね。そういう意味ではユダヤ人に対するのとは異なる。二重道徳（ダブルモラール）だ」

――現在のナショナリズムの動きは、ドイツ人がEU市民になるための通過儀礼のようなものなのか、あるいは覇権を求めるものなのか。

「よくわからない。現時点では人びとの間にEU市民という意識は希薄だよ。覇権を求めるということはありえる。ドイツ人たちは、自分たちはEU内最大の予算拠出国であり、EU議会でも最大の人口を持っているのにそれにふさわしい地位を与えられていない、と不満なんだね」

〔追記　〇八年六月、ザクセン州で統一市町村選挙があった。NPD（国家民主党）は全体で五・一パーセントを獲得、前回（〇四年）に比べ得票率を四倍に伸ばした。しかし、同党は〇四年九月のザクセン州議会選挙では九・二パーセントを獲得しており、この選挙結果には党から失望の声もあがった（以上日刊紙『ベルリーナ新聞』・Berliner Zeitung. 以後、BZと略す。〇八年六月十日付）。

ヴォッツエンは選挙地区の拡大で総議席は九二議席になり、うちNPDは一議席増の四議席を占めた。また町長は無党派出身の人物が当選した。」

二〇〇七年十一月二十四日、全国紙FAZをはじめとするドイツ各紙に次のような事件が報じられた。

〈ネオナチが女性にハーケンクロイツを刻む〉

事件はザクセン州で起こった。ここでは地元紙のザクセン新聞並びに『ライプチヒ人民新聞』（共に〇七年十一月二四・五日付より）から事件のあらましをみてみよう。

十一月三日、ミテヴアィダという町で事件は起こった。大型安売り店の駐車場で四人のネオナチの青年たちが六歳になるロシア系ドイツ人の女の子を小突き回していた。十七歳の女性が助けに駆けつけ泣く女の子を離すように言うと、かれらはこの女性に襲いかかった。三人が彼女を抑え込み、四人目がナイフで彼女の臀部に五センチ大のハーケンクロイツを刻みつけ、さらに彼女の頬にもナイフが向けられたが、それは逃れることができた。被害者の女性によると駐車場の建物のベランダから一部始終を目撃していた人がいたという。

　この事件について、ミテヴァイダ町長マティアス＝ダム氏は「このような事件が再び起こるのはひどいことだ。また事件を目撃しながら、見て見ぬ振りをするとは恥ずべきことだ」と語る。ザクセン州内務省長官アルブレヒト＝ブタアルウ氏は「あ然とし、悲しむ以上に怒りを覚える」と述べた。容疑者の青年の一人は〝シュトルム34〟という今年（〇七年）の春、国によって解散させられた極右団体に所属していた。


――その後、この事件は被害者の女性R（十七歳）の自作自演ではないかという疑いが警察より出された（『ライプチヒ人民新聞』〇七年十二月十九日付）。しかし、それを証拠付ける物はない。少女を助けた彼女の勇気に対し〇八年二月「民主主義と寛容」賞（内務省と法務省によって二〇〇〇年に設立）が贈られた（『ザクセン新聞』〇八年二月二・三日付）。

　真偽はまだ定かではないが、この事件の報道の仕方をとうしネオナチの存在が東に根を張っている現実が透けて見えてくる。

　旧東ドイツ地帯にはＮＯ《ノー》―ｇｏ《ゴー》―Ａｒｅａｓ《エリア》（行ってはいけない場所）が次々に誕生している。ネオナチが徘徊し、外国人、とくに一見して外国人と分かるアジア人や黒人などにとって危険な場所、それを現地のメディアはＮＯ―ｇｏ―Ａｒｅａｓとよぶ。東だけを〝悪者〟とするつもりはない。ミロさんもいうように、ナショナリズムの問題は西にも深くある。しかし東地帯での極右の跋扈ぶりにはやはり特殊事情があると思われる。

その原因は膨大な失業者や、西ドイツ人から受ける侮辱の数々、それが東の人をして民族、ナショナルなものにたいする異常な思い入れを生んだという説明がなされる。しかしそれでは東独時代にすでにはじまっていたネオナチの動きについての説明にはならない。

東ドイツ時代の右翼の動きを追ってみる。

〔追記　〇八年十一月十四日、裁判所は、事件は女性R（十七歳）の狂言と認定し彼女に四〇時間の労働奉仕を命じた。〕

東ドイツ時代の反共主義者たち

社会主義時代の東ドイツにおいて、〈四月二十日〉という日はある意味を帯びていた。この日をめぐり若者たちの間でしばしば次のような会話が交わされた――。

「四月二十日、家で飲み会をやるからこないか」

（相手はニヤっとする。）しかし、ちょっと心配でもある。

「家には誰もいないんだろうな」

「大丈夫、親はいない。たとえいても僕の部屋でやるんだ。気づきはしないよ」

「そうか。じゃあ、行こう」

四月二十日——アドルフ＝ヒトラーの誕生日だ。

この日は、多くの東ドイツの若者たちによって密かに総統の誕生日会が催される。SED（共産党）政権下、シュタジー（秘密警察）に知られたらたいへんだ。しかし、その緊張感がまた彼らを魅了する……。

以上は、私が複数の東ドイツ人から聞き取りしたものをまとめたものだ。東ドイツに極右が——と信じられない読者もいるだろうから、シュタジーによって検挙された極右の青年の取調べ調書の一部をごく簡単だが紹介しよう（一九八八年に取られた調書の複写。容疑者の氏名・年齢等は墨塗りになっている。また場所は伏せる）。


……たしかに僕はアドルフの誕生日を祝いたいとは、言いませんでした。でも、彼を念頭にしていることははっきりしていました。

黒赤金の（西独の）国旗は四、五年来僕の部屋に飾っていました。その国旗は××で見つけ僕の部屋に立てかけた物です。（そうすることで）僕は西ドイツに対する親近感を示したかったのです。——（中略）——ファシズムについては写真、新聞、本、映像（テレビ・映画・ドキュメント）などによって知りました。（そして）この時代のもつ魅力の虜になりました。東ドイツに比べ西ドイツの社会秩序はファシズムにより近いことも西ドイツに対する崇拝の念をさらに強くしました。

ファシズムの何に惹かれたのか、なぜそれを崇拝するようになったのか、部屋にはどういうファシズムの写真や象徴が飾られてあったのかは、ここではいいたくありません。

アドルフ＝ヒトラーの誕生日を最初に祝ったのは六、七年前の××でのことです。誰がその時その場に居たか、名前を挙げることはできないし、いいたくありません。その後、僕は毎年、僕の指導者でもある総統――アドルフ＝ヒトラー――の誕生日を祝ってきました。


社会主義時代の東ドイツの若者たちの実態を知るためにまず、当時現場にいた外国人の証言を紹介しよう。外国人という立場は社会の外側に位置し、ある種冷静な目をもつ。その目をとうして当時の雰囲気を描ければと思う。もう一つは、やはりその内側にいた東ドイツ人たちだ。彼らの生の声から当時を明らかにできるだろう。

わたしはいつものように友人たちに尋ね回った。そしていつものように彼らからいろいろな人を紹介してもらった。

「きみにとって格好のインタヴュー相手だ」というリカルド＝Fさんを訪ねたのは、まさにドイツ中がサッカーのヨーロッパ選手権で沸き立つ〇八年六月だった。

ベルリン、フランクフルトアーレー駅から徒歩三分の所に彼の働く事務所はある。リカルドさんは一九六三年、キューバ生まれのチリ人だ。現在、社会福祉士として地域の移民たちや路上生活者などのために働く。

彼の両親は共にチリ人で、一時期キューバに生活。その後、ふたたびチリで生活する。しかし、軍の蜂起でアジェンデ社会主義政権が崩壊すると、二人の子ども（リカルドさんと二歳下の妹）を連れ一九七三年東ドイツに亡命した。両親は熱烈な社会主義者だった（余談だがホーネッカー共産党書記長の娘の夫はチリ人だ）。

最初、一家はライプチヒで生活しその後ベルリンに引っ越した。彼が、高校に上がったときだ。その高校は「非社会主義国出身の生徒」で構成されリカルドさんは一時間以上もかけて通学する。近くに高校があるのになぜ、ということでその高校に転校させてもらった。そこは人民軍の将校の子弟が多かった。

リカルド＝Fさん。事務所にて。

まず、彼を驚かせたのは同級生たちが自分との接触を禁じられていることだった。学校以外で、放課後など私的に相手を訪ねるときには許可が必要だ。親たちが、まず申請し許可を受けなければならない。「まったく馬鹿らしいこと」だった。若者同士一緒に映画に行ったりディスコにいきたい。しかし一緒はだめだ。誰かに見られたらまずい。ディスコで待ち合わせをし、そこで偶然出会うという形をとる。こんな状態が約三カ月つづきやっと終止符が打たれた。当たり前の高校生活が始まる。

それにしても、とリカルドさんはいった。

「理屈の上では、両親共に社会主義のシンパで同志のはずだったわけですが、彼らにとっては不信感を抱かせるヨソモノにすぎなかった。——とても傷つきました。若かったしね」

こんな事件もあった。級友が落書きして退学処分を受けた。

落書きは、それ自体内容の如何を問わず思想の伝播につながる行為として厳しく罰せられた。それでも、罰には軽重がある。〝ハーケンクロイツ〟や〝統一ドイツ〟といったものは厳しく罰せられた。

級友は統一ドイツに関する落書きをして捕まった。

学校側は、生徒たちによって彼の退学が決定されるという形を望んだ。思想のよくない生徒を、子どもたち自身が罰し自浄能力を示す、ということだ。

しかし――

「級内団結してかれの退学処分に反対した。〝彼は過ちを犯した。しかし退学は重すぎる〟と。校長や党の人間、シュタジーが出てきた。僕たちに圧力が加えられ〝進学できんぞ〟とかいろいろ脅されたけど。級内で三度採決がおこなわれ、三度とも退学反対が多数だった。僕らの親たちも学校に呼ばれてね。運がよかったのはうちの両親だけでなく、ほかの親たちも最後までぼくたち生徒の側に立ってくれた。親たちの中には党や軍の幹部もいたけれど、最後まで僕たちの側に立ってくれたんだ」

処分は撤回された。しかし一年後にかれは退学処分をうけた。面子を失った学校側が、時期を見計らってウサを晴らしたのだろうか。

「そうやって党は人びとの信頼を失っていったんだ」

シュタジーによる電話の盗聴もあった。

「盗聴器といっても（当時は）初歩的なやつでね、電話中にすぐに気づく。両親も、すぐ気づいて、〝盗聴しているあなた、こんにちは〟何ていって、からかっていた。（でも）両親には理解できないことだった。気分を害していた」

――自分は常にヨソモノという意識を持っていた？

「いいえ、それはない。ヨソモノと思い知らされたのはモドロウ政権（一九八九年十一月～九〇年三月）のときだった。当時、店で買い物をするときに売り子から身分証明書の提示を求められてね。ベトナム人やアフリカ人に対する人種差別は酷かった。とくにポーランド人には。彼らが主な敵役だったからね。（注2）驚いたのは店員たちの豹変振りだ。まるで王様のように振る舞い誰に売っていいか悪いか、を決めていた」

――人種差別は七〇年代から八〇年代へと年々ひどくなっていったわけね。

「いや、いや、それはいつもあった。（当たり前過ぎて）話題にもならなかった。もちろん公の場での人種差別はなかったよ。――ベトナム人がジーンズを売っていたときはまだよかった。でも、彼らがミシンを買ってジーンズを縫って売るようになると、人びとは彼らを罵倒しだした。〝フィジー〟とかね。（注3）」

――パンクやスキンヘッド（坊主頭）もいたんでしょう。

「パンクはナチではなかった。でも、人びとからとてもさげすまれていた。落ちこぼれめ、といった感じだった。働かないしね。だからしばしばとっ捕まって建築現場などで働かされていたよ。パンクは大衆化していたという人もいるが僕はそうは思わんね。ライプチヒとかベルリンといった都会でしか彼らは存在できなかった。スキンヘッドは人種差別者だった。しかし彼らよりも一般の人の人種差別はひどかった。黒人と結婚した女の子は〝淫乱女〟と周りから罵られていた。その子どもは〝クロンボ人形〟といわれ、大きくなれば〝ニッガー〟だ。けして東ドイツ国民とは認められなかった」

リカルドさん自身はいわゆるヨーロッパ系の顔のため「問題はなかった」が、逆にそれだけ東ドイツ人のほうも彼の前では遠慮なく本音が洩れる。

「典型的には週末のディスコだね。モザンビーク人、モンゴル人が入ってくる。これが合図で、さあ、やつらを叩きのめそう、と若者たちは乱闘準備に入る。外国人はあくまで働くためにＤＤＲ（東独）にきたんだ。それはいいだろう、しかしそれ以外はだめだ、とね」

―四月二十日、ヒトラーの誕生日は、わくわく……。

「Na《ナッ》, Klar《クラー》!（それゃあ、そうだとも！）夜どこかで〝ハイル・ヒトラー〟を叫ぶ声がする。どこかで祝っているんでしょう。ひどかったのは反ユダヤ主義だね。とても強かった。ユダヤ冗句《ジョーク》も多かった」

〝アウシュビッツ冗句《ジョーク》〟というやつだ。

たとえば、と彼はいった。

〝トラビー（東独製の車）に何人のユダヤ人を積み込めるか、知ってるか。

知らない。

答えは、一〇四人。前後部座席に四人。残りは灰だ。〟

リカルドさん一家は東ドイツでの生活には気を配っていた。地元の人から「嫉妬をうけないよう」にと。

「僕たちは身の回りのすべてを東ドイツ製品で賄っていた。けして西（独）の商品は買わなかった。父はそれを禁じていた」

この「嫉妬」というのは、東ドイツ社会、あるいは当時の社会主義諸国の人びとのメンタリティ（精神構造）を理解する上で大変重要な鍵といえる。この「嫉妬」は、またナショナルなものと密接に関っている。つまり、当時西ドイツとの関連で、個々の東ドイツ人の「立場」に影響が現れた。

豊かな物質生活を享受する西側にたいする憧れは、当時の社会主義諸国に共通するものだった。とくに東ドイツの場合は、漠然と憧れる西側の生活ではなく、西ドイツという具体的な存在がある。西ドイツ人の親戚を持っているか。それはとても重要なことだった。

西ドイツに親戚がいれば、贈り物を期待できる。西では東ドイツ人用の贈り物の詰め合わせなども百貨店で取り扱っていた事もあった（また東への贈り物分は税金から控除された）。

当時多くの東ドイツ人は西の親戚につぎのような手紙を送った。

最近、全然甘い物を食べてない。（チョコを送って。）

ズボンに穴があいちゃって。（ジーンズ欲しい。）

とくに西のジーンズは若者たちにとって垂涎の的だ。

ある女性は、その憧れのジーンズをもらった。小包を解くとそれが入っている。大はしゃぎする少女に母親はそれを送り返すように命じた。小包にはジーンズのほかに食料品も入っていたからだ。東には食べ物さえないかのごとく思っているのだ、西の親戚は！

母親は、年に一・二度の割合で自分たちを訪ねてくる親戚に、彼らが思っているような「惨めな東ドイツ人」ではないことを、簡単には手に入らない食材を使った料理を振る舞うことで証明するような気性のひとだった。

少女は悲しんだ。しかし、母親の決心は変わらなかった。

「母に、返す前に〝一度学校にはいて行っていい〟ってきいたけれど、〝そんなことをしたってつぎの日には送り返すんだから、よけい辛いでしょ〟っていわれた。当時は恨んだけれど、いまは母を誇りに思っているわ」

しかし、これは例外だと彼女自身も言う。「普通の東の家庭なら、ありがたがってそのままもらっていた」だろう。

一九六一年八月、ベルリンの壁構築が始まるまでは東西ベルリン間の人の行き来は自由だった。そこでは西ベルリン人がDM（西独マルク）を銀行や両替所で東マルクに交換――たとえば西一マルクに対し東五マルク――し、物価の安い東ベルリンで買い物を楽しむ光景があった。

（西ベルリン人が東地帯に足を入れると）背筋は伸び、頭は高く、足どりは軽くなる。――だれもかれも「西」の人間であることのつかのまの優越感に酔う。わけもなくふんぞり返った様子の人たちは、ほぼ例外なく西からやってきた人たちだった。

（斎藤瑛子『幸せってなんだろう――東ドイツの日常から』大月書店）

DMは、西側の人間に対するへつらいと媚という卑しい心情を東ドイツ人に植え付けた。

アジア人だが日本人である私に対し、彼らの顔におもねりが浮かぶのを何度も見た（最も日本人に対しては気分次第というところもある。私が必要なら「先進国の日本人」だが、腹を立てると「アジア人」だ。

要は彼らに決定権があるということだね）。

西に親戚がおらずしかもDMが欲しければ女の子たちは外国人相手に売春をした。ドレスデンでは駅から街の中心地の橋まで徒歩十五分。その間を彼女たちは立ちんぼする。

〝一〇DM、一〇DM〟と女の子たちは言った。

当時、中学校の教師をしていた女性は言った。

「西ドイツに親戚がいるものとそうでないものとの間の格差ほど子どもたちの心を荒廃させたものはない」

西ドイツには失業者がわんさかいる、と国が叫んでも、誰も、SED（共産党）の言葉など信じなかった。東ドイツではくびになってもつぎの日には新しい仕事に就いていた。

「東ドイツでは失業という意味が実感できなかった。（西の失業者は）よほどの怠け者か、禁治産者のように思っていた」

と彼女は語った。

さて、話を戻そう。

「嫉妬はぼくに対するよりも東ドイツ人同士のものが大きかったね。級友の多くが西ドイツ製品を持っていた。ボールペン、チューインガム等々。もちろん、西製品を持っている者は自慢していたよ。チューインガムでもね、それが東製か、あるいはインターショップ（注4）で買った物か、子どもにとっては一大事さ。七年生のとき、ある女の子は服から何まですべて西製品できめていた。そしてそれを自慢した。すぐに級友全員から総スカンをくったよ」

共産党政権によって家賃、光熱費、交通費、食料費等々、生活の基本にあたるものが極めて安く抑えられていることも人びとの不満を拡大する要因になる。

「みんなお金は持っていたんです。だって出費（生活費）は小さかったしね。ただ、お金の使い道がなかった。いまは商品は豊富だけれど、お金がない（笑い）」

舶来品という言葉が日本にはある。それは外国で作られた極上品、という意味をおび、人びとを身悶えさせた。東ドイツでもそうだった。国産品だけで生活の用は足りた。しかし、それではおもしろくない。上等の「西の商品」が欲しいと人びとは目の色を変えた。

「西ドイツ」があらゆる価値の基軸となり、ひとの値踏みがおこなわれる。西に近ければ近いほど高級だ。世代から世代へ「東ドイツ」にたいする嫌悪は、とくに若者たちの間で膨れ上がっていく。

リカルドさんは、

「東ドイツ時代は、共産党には何でも反対というのが常だった。それがかっこいいことだった。体制に不満を示す、それを個性の一つとみんな思っていた」

西ドイツ人が、ＤＤＲ（東ドイツ）をＤＤＲと呼ぶようになったのは一九七〇年代に入ってからだ。それまではＤＤＲをソ連占領地帯と呼んでいた。テレビでも、東独を〝占領地帯〟と呼んだ。ソ連占領地帯（ソヴェティシェベザッツンクスツォーネ）から取ってかれらは東ドイツ人たちを〝ツォニー〟とよんで蔑んだ。

しかしその感情は東ドイツ人の多くに共有されていた。

一九七四年六月、サッカーの世界大会のときだ。そのときの覇者は西ドイツだったが、その西ドイツに予選で唯一土をつけたのが東ドイツ（ＤＤＲ）だった。

友人のＣ（五七生まれ）はその日の東独対西独戦について、

「その日は親戚と一緒にテレビで観戦していた。私は東を応援し親戚は西を応援していたので大喧嘩になったよ。それから優勝決定戦の前日だった。公民館で、級友たちと飲んでいたら、誰かが〝ドイチュラント（ドイツ）〟〝ドイチュラント（ドイツ）〟と叫びだした。すると、たちまちみんなで大合唱だ。とくに大声を張り上げていたのがＳＥＤの高官の息子二人でね。〝明日、われわれは優勝する！〟てね」

東ドイツ人のかなりの部分は「心ならずも東ドイツ人にさせられた」人たちだ。とくに若者たちは、「なぜ、東になんかに生まれちまったんだろう」と。彼らは東ドイツではなく西ドイツに自己のアイデンティティを見出す。Ｃの親戚が西ドイツを応援したのもその延長線上だし、ドイチュラント！　と叫ぶ若者たちも同じだ。西ドイツとの絶え間ない比較が、東ドイツ人のナショナリズムの感情に深い影を落とした。

東の人たちの話を聞いていくうちになぜ彼らがあれほど私に敵意――それは不親切などという生易しいものではなかった――を剝き出しにしたのか、ぼんやりとわかるような気がした。

一九八八年九月に留学生としてライプチヒに来たわたしは、いわゆる純粋な東ドイツ時代――ここでは八九年九月から始まった「月曜デモ」の前までをさす――は一年しか知らない。当時の様子を拙著『伝説となった国・東ドイツ』から引用しよう。

——路上で口汚い言葉をなげつける老若男女。中指をつきたてて挑発するトラックの運転手などなど。これが本当に社会主義国なのか、とよく思ったものだ。——（略）——友人のアフリカ人などは、ドイツ人から暴行を受けた。八九年夏の出来事だ。

あまりの差別に、俺は何か間違ったことでもしているのかしら、とさえ思ったものだ。他の留学生たちに聞いた。そっちはどう。彼らも同じ体験をしており、妙に〝安心〟したことを覚えている（注5）（絶え間のない「西」との比較で、東ドイツ人たちの道徳心や倫理観は泥まみれになっていた。統一後、多くの東ドイツ人が極右運動に共鳴した基盤はすでに東ドイツ時代に形づくられていたのだ）。

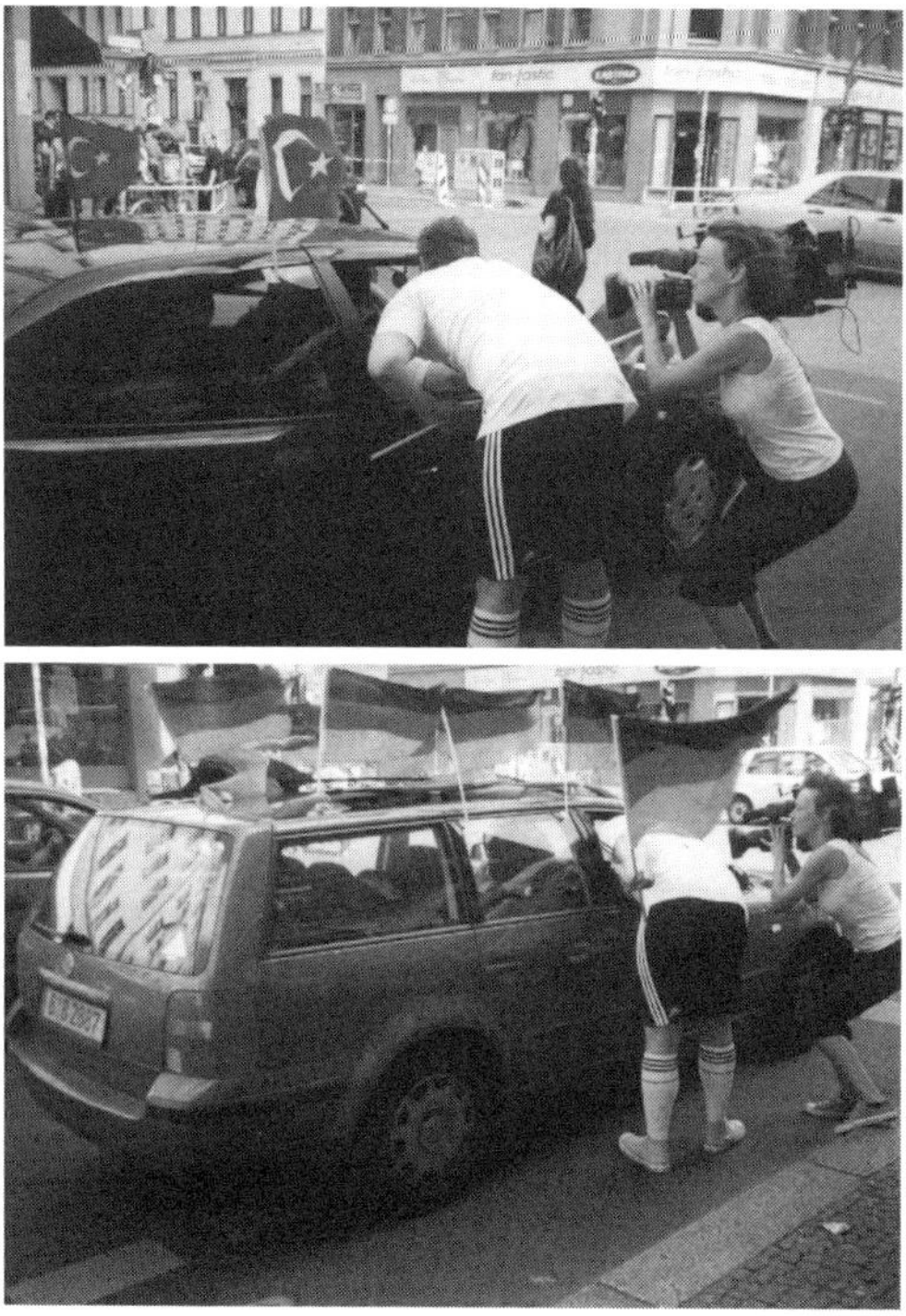

サッカーのヨーロッパ選手権。クロイツベルクにて。トルコ対ドイツ戦を控えて街角インタビュー（08年夏）

この旧東ドイツ地帯での右翼の急成長の原因についてはつぎのような指摘もある。

西ドイツでは市民運動が発展しており極右勢力が伸長しにくい。東ではまだ市民運動が根付いておらず極右たちの草刈場の様相を呈している、ということだ。

しかし、とリカルドさんは、自身「ほとんど東ドイツ人」というアイデンティティ（存在証明）の持ち主であるせいか、西ドイツで定着した東ドイツ＝ネオナチの巣という見方には反対だ。

ちいさな挿話だけどね、といって彼はつぎのような話をした。

「数日前あるクナイペ（酒場）にいったんだ。そこは多くの西ドイツ出身の学生が集まるところでね、みな中産階級出身だ。テレビでサッカーのヨーロッパ選手権トルコ対ポルトガルの試合を見ていた。しかしまあ……（といって彼は嘆息した）……彼らのトルコに対するあの冷ややかな態度といったら、なんと形容すればいいのか——。学生たちは、いわゆる〝モダンなヨーロッパの若者〟だろう。でも、あのトルコに対する軽蔑・憎しみの感情といったら。全員がポルトガルを応援していたよ」

わたしは以前西ドイツ人の人種偏見の強さと、それを表面に現さない態度について、「洗練された野蛮人」と表現した（拙著『伝説となった国・東ドイツ』）。

しかし、それでも西ドイツ人の外国人への対応には感心させられるものがある。

たとえば、彼らにとって聞き取りにくいであろう私のドイツ語に、じつに落ち着いた対応をする。何。わからない。もう一度いって。……つまり、こういうことね、といった具合だ。

これが東ドイツ人の場合だとたちまち眉間にしわを寄せ、え！　なに。さっぱりわからん！　となる。しかも、ドイツ語の達者な者にも同様な態度をとる。友人のポーランド人も「同じ経験をした」

といっていた。——ちなみに彼はドイツの大学のドイツ語学科を出ている。ライプチヒ在住の友人ジョン＝ロペス君も似たような経験をする。彼の父親はメキシコ系のアメリカ軍人、母親はドイツ人だ。ジョン君自身は西ドイツ生まれで地元の学校に通ったドイツ人だ。しかし、そのロペスという名前から、東ドイツ人は彼をガイジンだと思うのだろう、しばしば彼のドイツ語は「わからない」といわれる。彼が出身地のヘッセン訛で話しているからではない。彼のドイツ語は外国人の私にもよくわかる標準語で、多少訛はあっても「わからない」ことはない。ロペス、という名で即、相手は心を閉じる。電話でも彼はいわれた。「あなたはドイツ語が大変上手ですね」と。

西ドイツ人の場合、学校時代に級内の三分の一以上が外国人ということは普通なのでドイツ語を母語にしない級友たち——もちろんドイツ生まれの外国人も多いが——との対応の仕方を自然に学んでいる。けっして相手を焦らせるような態度はとらない。

東ドイツ人でも、ヴォツェンのインゴさんをはじめ外国人と接する機会の多い東ドイツ人の態度は西ドイツ人と同じものだった。西では、外国人は人口の約一〇パーセントで馴れざるをえないが、東では二パーセントで馴れなくともすんでしまう。要は馴れようという意思の有無が問題だろう。

国内のさまざまな馬鹿げたことも「東ドイツ人」という意識が根付かなかった理由だ。すべてが政治化された。学校の授業でもそう。算数の時間でさえそうだ。

つぎのような問題が出される。

〝我われのＬＰＧ（集団農場）の場長であるＳ同志は、ＬＰＧ所有の牛一〇〇頭のうち三六頭を売りました。残りは何頭でしょう。〟

100－36という計算に「同志」や、「我われ」が登場する。

「小学校の低学年ならまだしも、高学年にそんなもの通用するか。まったくうんざりしたぜ」

知人の男性はいった。

すべて政治的でないものはない。

これは正しい。政治と関らない、というのは多くの場合——体制の如何を問わず——反政府的な言動はしません、というのと同じだ。

しかし、東ドイツに見られる幼稚きわまる〝啓蒙活動〟はただただ人びとの嫌悪を育むばかりだった。反共主義者に満ち満ちた共産主義国というのが八〇年代の東ドイツの素顔だった。

ところで本質的な問題は、やはり経済問題だろう。

社会主義体制でも、利潤を生み出してくれる人がいなければ社会は回らない。いわゆる起業家とよばれる人たちが必要だ。いくつもの可能性を結合させ新事業を起こせる人。このような人材——それは、しばしば公共心は乏しいが創造性豊かな人たち——を生かせる場が東ドイツにはなかった。というより意図的に場を潰していた。あらゆる変化を嫌うという体質が共産党体制にあったことは否定できない。「変化」の内容如何に関らず。それが〝蟻の一穴〟になりかねないという不安。西ドイツという巨大な存在が、共産党指導部の政策決定のあらゆる場面において柔軟性を奪っていった。

実際東ドイツの経済は八〇年代にはいるとはっきりと破綻をきたしていた。逆にいえば、なぜ、八九年まで東ドイツが生き延びられたのか。西ドイツからの借款だ（たとえば一九八三年西独の超保守政治家として鳴らしたシュトラウス氏の東独訪問で一〇億マルク貸し付けが決められた）。もうひとつの理由は周知のようにソ連からの石油供給である。国際価格よりはるかに安い値段で石油が東ドイツをはじめ東欧諸国に供給された。つまりこの二つのうちどれがかけても東ドイツは生き延びることはできなかった。

潤沢な資金をふんだんに使って躍動的な反共大攻勢――それは軍事から文化の領域までをも含む――を展開する西側陣営に対し、階級闘争・国際連帯を絶叫するだけの貧弱な精神主義一本槍の東側陣営。西ドイツの繁栄が単に第三世界の搾取だけでは説明できない、ある種の躍動性――人の欲を刺激する――をその内に持つことを東ドイツ人たちがわからないはずはなかった。

倫理面での腐食も徐々に進行していた。ルーマニアのチャウチェスクや北朝鮮の金のような〝社会主義国〟とは違い、東ドイツの革命第一世代で構成される党幹部たちの生活は質素であった。しかし、七〇年代も半ばになると、党幹部の子弟が要職に進出しだす。彼らの間での結婚も始まる。ノーメンクラート（特権官僚）がつくられつつあった。

ある友人は彼が大学生だった七〇年代初め、東独に留学生としてきたロシア人の女学生の言葉を忘れない。彼女は、ソ連での党幹部の腐敗振り、組織化した犯罪を語った後、彼にこういった。

「東ドイツも気をつけないとソ連のようになってしまいますよ」

右へ、さらに右へ

二〇〇六年の春。

ベルリンでのこと。友人たちと一緒にとあるクナイペ（酒場）にいたところ、ふと、店内にいた男と目が合った。前頭部の禿げ上がった三〇代前半ぐらいの男だ。一人で来たらしく話相手を探しているらしかった。

「いま、ぼくは東ベルリンに住んでいるんだが」と男は話し出した。

「東の人たちによく出身地をきかれるんだ。〝チューリンゲン出身かい〟とか。〝いいや僕はチューリンゲンの出身じゃないよ〟、じゃあ、どこ、という具合でとうとう僕が西ベルリン出身だとわかると、みんな、〝なんだって！　きみは西ベルリン出身か！〟って――」

西ドイツ人が旧東ドイツ地帯に住む。自分がじつは西出身だと知られ、驚く相手に困惑と喜びを隠しきれないというお話だ。ドイツ版〈水戸黄門ごっこ〉と私は呼ぶ。

奴隷制は、奴隷の心身を破壊するとともに、奴隷主の倫理観や道徳観を腐敗させる。どれほど多くの西ドイツ人たちがベルリンの壁崩壊後、東ドイツに移住し、この喜びを味わったことか。西ドイツ人がわざわざ、あの「東ドイツ」に移住するとは、よほど偏見にとらわれない人たちなのだろう……。

しかし、彼らは知らない。東ドイツ人たちがそういつまでも無邪気ではないことを。すぐに彼らも理解する。〝ああ、こいつ、よほど西では誰にも相手にされないんだな――〟。東の友人たちが、彼らについて語るとき、友人たちの口元に薄ら笑いが浮かぶのを〝黄門さん〟たちは知らない。

ライプチヒ市内にヴェラという名の公民館がある。建物内には酒場もあり週末にはディスコも催される。また、毎週火曜日に〈会話の夕べ〉が催されライプチヒ在住の外国人たちも多く来る。多くは学生で、私もライプチヒに滞在したときはよく行ったものだ。

〇八年の冬、その〈会話の夕べ〉で、兵役の代わりにいま奉仕活動をしている十八歳の若者と話した。今年九月から大学に行くという。ブレーメンとバイエルンに行ったことがあるという彼に西ドイツについてきくと、

「べつに、そんなに不愉快な目には遭ったことはない。……まあ、東ドイツ人に対する偏見はあるよね。それは感じた。でも、変な話さ、僕は東ドイツのことなど全然知らんのにね」

それは西ドイツ人にとってはどうでもいいのさ、とわたしはいった。彼らにとって東ドイツとは、昔は「アカの巣窟」で、いまは「NO－GO－AREA」というわけさ。

わっと青年はわらった。ぐびぐびと体を痙攣させその笑いは一〇秒はつづいたろうか。

たとえばつぎのような統計資料（図参照）がある。東ドイツ地帯の失業率は西の倍一六・六パーセント（〇七年平均）、賃金はおよそ三割低い。人口でも一九八八年の東ドイツの総人口一六六七万人から二〇〇〇年には一五一二万と一割近く減少している。

〇七年は東の五州全体（東ベルリンを除く）では〇六年に比べ〇・八パーセント（一〇万六九一七人）の減少だ（Bevökerung nach Bundesländern, Statistisches Bundesamt）。

また、人口推計によると〇五年の東五州の人口一三四〇万人（総人口八二四〇万人）が、一〇年には一二七〇万人（八一九〇万人）となり、二〇五〇年には九一〇万人（六八七〇万人）という予測値が出ている（以上、〝Daten report 2008〟Statistisches Bundesamt より）。

東ドイツ地帯の経済面での致命的なつまずき、その結果としての人口流失、高失業率、高齢化は、

彼の国に二重経済構造を生んだ。日本でも大企業と中小企業との二重構造は、賃金に劇的に表れる労働条件の大きな格差を生み社会を著しく歪めているし、イタリアでは国内の南北格差はかつてファシズムを誕生させた。新たな二重構造の下の部分にあたる東ドイツ地帯での極右の伸長は起こるべくして起こった。それは西の人びとの顰蹙を買うだけではなく、同地域にたいする外国の投資を逃す作用も生んだ。(注6)

いまの若い世代は東も西も気にしない、としばしば現地で聞く。しかしこういう状況ではむしろ気にしろよ、といいたくなる。もちろん人びとは、西ドイツ人の東ドイツ人に対する偏見など若い世代にはない、という意味で使っているのだろうが……。

東ドイツ人たちは統一後、過去（東ドイツ時代）をどう総括し彼らのアイデンティティをつくり上げるのか。東ドイツ人の知識人の話をきいてみよう。

ライプチヒの繁華街に現代史会館が立っている。そこではさまざまな催し物がある。講演会、討論会、映画会等々だ。現代史会館ということで扱われる主な物は近現代史に関するもので、とくに東ドイツ時代について力を入れ二階は東ドイツ時代についての常設展となっている。

R＝エカート氏は、一九五〇年ポツダム生まれ。東ベルリンのフンボルト大学に学ぶも、在学中反政府活動をしたとして停学処分をうけ、それに伴いシュタジー（秘密警察）からさまざまな圧力を受けてきたという経歴の持ち主だ。〇一年から現代史会館の館長に就く一方、ライプチヒ大学の講師として文化史を教える。DDR（東独）時代に独裁体制に立ち向かった同氏の経歴ならびに館長として

ブルーカラー・製造業など地域別平均年収（2006年）（ユーロ表示）

1	ハンブルク	3万9630	12	ブランデンブルク	2万7545
2	B・ヴルテンベルク	3万6694	13	ザクセンアンハルト	2万6639
3	ザールラント	3万6433	14	M・フォポメン	2万5470
4	ラインラント・プファルツ	3万5817	15	ザクセン	2万5241
5	ベルリン	3万5009	16	チューリンゲン	2万4472

ドイツ平均では３万3992ユーロ（約580万円）

１位ハンブルクのおよそ4万ユーロ（約675万円）に対し、最下位チューリンゲンは２万4500ユーロ（約420万円）となる。旧東独５州の平均年収は2万5873ユーロ（約440万円）である。

ホワイトカラー・事務職員など地域別平均年収（2006年）（ユーロ表示）

1	ハンブルク	5万3418	12	ブランデンブルク	3万6195
2	ヘッセン	5万3380	13	ザクセンアンハルト	3万5825
3	バイエルン	5万1143	14	ザクセン	3万5552
4	B・ヴルテンベルク	5万576	15	チューリンゲン	3万3758
5	ラインラント・プファルツ	4万8240	16	M・フォポメン	3万2078

ドイツ平均では４万7639ユーロ（約810万円）

１位ハンブルクのおよそ５万3500ユーロ（910万円）に対し、最下位Ｍ・フォポメンは３万 2000ユーロ（約550万円）となる。旧東独５州の平均年収は３万4681ユーロ（約590万円）である。

※ドイツは13の州と３つの特別市（ベルリン・ブレーメン・ハンブルク）の計16の行政地域から成立している。ここでは上位５位と下位５位を挙げる。ブレーメンの統計値は不記載のため同市は除く。下位５州はすべて旧東独地帯。(以上、BUNDESLÄNDER 2008, Statistisches Bundesamt より)。

人口推移

	ドイツ全体	西ドイツ地帯	東ドイツ地帯	ベルリン
2001年	8244(万人)	6532(万人)	1372(万人)	338(万人)
02	8253	6552	1361	339
03	8253	6561	1352	338
04	8250	6568	1343	338
05	8243	6569	1334	339
06	8231	6566	1324	340
07	8221	6566	1313	341

ベルリンは2001年以降、統計上の東西の区別がなくなっている。

の手腕は高く評価されさまざまな賞を受賞されている。

〇八年五月、私は同会館を訪れ話を伺った。じつは氏には〇六年にもインタヴュー——別のテーマで——をしており今回は二度目のインタヴューになる。

——まず、東ドイツ史をどう総括しますか。

「これについては統一以来議論が続いています。こんなに自国の歴史について徹底的に話し合われた国は他にないでしょう。DDRを知らない若い世代にそれを伝えなければならない。共産党独裁によって多くの犠牲者がでました。——（ご自身もそうですね。）ええ、私だけではなく他にも多くの人が。当然彼らは補償されなければならない。しかし重要なのは未来のために何を教訓として残すか、ということなのです。人びとは無関心で〝もういい〟と済まそうとしているが、私たちは、それを伝えなければならない。プロテスト（抗議）の伝統を市民に植えつける必要がある。民主主義の発展のためにも、また再び犠牲者にならないためにも。

SED（共産党・正式名称はドイツ社会主義統一党）はドイツにとってナチにつづく二番目の独裁政権でしょう。しかし一般市民は普通に生きてきたわけです。ベルリンの壁によって旅行ができないことはあっても、露骨な抑圧をうけたとは思っていない。わたしたちの役目は、独裁政権の非人間性と数百万人の人びとが苦しめられたことを明らかにすることです」

―多くの東ドイツ人はべつにＤＤＲを好いているわけではない。しかし、西ドイツ人のＤＤＲ観――暗黒一色の社会――に反発する人は少なくない。と、人びとは自動的に親ＤＤＲになっていく、という傾向があるのでは。

「それは……（苦笑）。日本でもそういう人がいるでしょうが、自分が経験してもいないことを、それを経験した人にむかって、ＤＤＲとはこういう国だった、と西ドイツ人は解説するんです。西のエリートたちは〝東ドイツはこうだった〟〝だから君たちは悔い改めなければならない〟とくる。メディアや学界のエリートはすべて西ドイツ人ですからね。彼らは自分たちのＤＤＲ観に沿ったものしか伝えない」

Ｒ＝エカート博士

（西ドイツ人にとって東ドイツ人とは、ＳＥＤ統治下、唯々諾々と権力に付き従ってきた風見鶏で、統一後も、当時のそんな態度を反省しない人たちというものだ。）

―しかし、ご自身の仕事、東独独裁体制の検証は、まさに西ドイツ人の東ドイツに対する印象を裏付けることにもなる。

「ええ、そうなんです。これは大きな問題でね。大学などで、東ドイツ人を登用していくことが必要でしょうね。自身の体験と、それを評価できる東ドイツ人の起用は是非とも必要ですね。政治でもザクセン州の知事は、いま東ドイツ人に代わった。それは最初の一歩です。しかし長い時間がかかるでしょう。社会構造は自然に変化しないから。たいへんな仕事です」

——ご自身は、西ドイツ人のエリートたちと彼らのＤＤＲ観を巡って対立しましたか。

「ええ、しばしば口論になった。彼らは絶対に自分の意見を変えない。ある人にいわれましたよ。〝あなたは我われの側にいる人ではないですか。（統一ドイツで）出世もされたんだし〟とね。また、ある人は、〝同じドイツ人じゃないですか。議論はやめましょうや〟と」

「彼らは、東ドイツでは旧共産党や元シュタジーの人間が権力の座にいて支配を続けている——と考えている」

——エッ！　西ドイツ人は、統一後の東ドイツについてそう考えているわけですか。

「ええ、そうなんです。西ドイツ人はそれをまくし立てています。ジャーナリストも東ドイツでは旧シュタジーがそこら中にいて、と」

私は確認の意味で二度きいた。つまり、以前彼らはそう考えていたのか、それともいま、〇八年でもそう考えているのかを。

「いまでもそう考えているし、そう書いている（笑い）。賭けてもいいが、今日の新聞のどこかにそういう意見を見ることができる。彼らは、学校でも旧共産党員の教師たちがあやまった歴史を教えるため、若者は現在の体制に冷ややかな態度をとっている、と」(注7)

——だから、たとえばネオナチが東で跳梁していると……。

「たとえば、そうですね。おっしゃるとおり。いまだにそのような人びとが権力機構に居残っていると思っている。まったく事実は違う。反論はするが、まあ、あまり意味がないんだなあ。とにかく一方的な印象をもっていて……」

東ドイツ人からきいたことがある。西ドイツ人は、四〇年に及ぶ東ドイツ時代をずっと同じだと、思っていると。西ドイツでは五〇年代の風俗と七〇年代のそれとは随分違う。しかし東ドイツに関しては何の変化も認めない、というのだ。もちろん、西ドイツのような華やかな消費社会ではなかった東ドイツだが、それでも変化は起こっていた（たとえば、七〇年代に入ると結婚という形式を取らず、事実婚の夫婦が社会的に認知されていった）。これはソ連についてもいえる。七〇年に及ぶ社会主義体制はいつも同じ社会だったと西側の人びとは考える。モスクワなどの大都市ではすでに五〇年代には不良少年の問題が発生していたといわれているのだが。

冷戦時代に叩き込まれた、社会主義体制＝全体主義社会＝変化のない社会、といった構図によりソ連なら革命期から戦争終結まで（一九一七〜一九四五）の極度に緊張した時代、東ドイツでいうなら五〇年代の時代のイメージがしっかり西ドイツ人の頭に固着している。そしてかれらはそこから始める。荒れる東ドイツ人を見ても、統一政策の不備に原因を求めそこから反省を導くのではなくすべてを東ドイツ体制に帰着させる。あんな体制に育ってしまったのだからと（そこには、旧東独の政権政党SEDの後継政党である左翼党を叩く権力政治の面もあるだろう）。

――現在、ライプチヒ市内の街路名変更を提案されていると聞きました。

「そうなんです。〝平和革命の場〟の名を冠した場所を探している。最初アウグスト広場を候補に上げたのですが、猛反対されましてね。ですから他のＷ広場にしようと提案し直しました。まだ、決定されていません。市議会で諮らなければなりませんし。電話による世論調査をしたが、八五パーセントの人が反対なんですね。がっかりしました。市民は（平和革命について）誇りを持っていると思っていたのですが。〝もう静かにして欲しい〟〝金もかかる〟（名称変更に伴う出費――たとえば名刺代など――のこと）し、政治家の売名行為だという声が圧倒的で」

――面倒がっている。

「そうなんです。これは危険ですね。民主主義はつねに行動によって保たれていくわけですから。上で何をやろうと関係ないというのは、八〇歳の元秘密警察員よりもはるかに危険です。そういうものに対し私たちは戦っていかなければならない」

がっちりとした体格から発せられる氏の力強い言葉は民主主義への思いの深さを感じさせる。しかし、一党独裁体制を憎む気持ちは、人後に落ちない氏でさえ西ドイツ人の東ドイツ観には辟易する。

「絶対にこちらの話をきかない」のだ。

「東ドイツ時代は、発言の前に何を言っていいか考えなければならなかった。いまはそのような圧力はない。しかし、失業への不安は、これも以前と同じように人の言動を縛るんですね」

氏は西の柔軟で水も漏らさぬ管理体制にも一言した。

※

ところで、東西ドイツ人の違い、とくに男女関係における捉えかたの違いについて東の女性からおもしろい話をきいたので紹介しよう。とくに一九七〇年前後生まれまでのひとたちに当てはまる。

社会主義時代は、しじゅう祭典やら大会やらが催されていた。そこでは、皆で腕や肩を組み、一緒に歌を歌ったりといったことが当たり前だった。だから東の女性で、先の年齢以上の人になると、何の気なしに、さっと、男性に腕を絡ませるといった仕草をする。これを西ドイツ人の男性にすると、むこうはまったく違う考えをめぐらす。

ははーん、おれに気があるのか……。

そして、勇んで相手の女性にはたらきかける。今度は女のほうが驚く。〝いったいなに考えてるの〟と。「そのときの相手の面子を潰されたあの萎れた顔といったら」といって彼女は笑っておった。そしていった。

「西ドイツ人はなんでもセクショナリズムに結びつけるのよね」

この話を他の東ドイツ人たちにも確認したら、どっと皆笑って同じような印象を西ドイツ人に持ったという。

資本主義世界では性も商業化される。東欧の社会主義体制が崩壊したとき、ポルノ産業が食指を動かした。まず、格安で女性を調達できる。これが最大の理由だが、資本主義社会の腐敗を批判していた当の社会主義国の人間をポルノ業界に引っ張り込むことで金がすべてとの勝利宣言を高らかに謳いあげたい気持ちもあったのだろう。使う側も、見る側も……。

国民的記憶としてのロシア軍の蛮行

ドイツ民族の歴史において最大の悲劇とは故郷からの追放だ。

東方植民運動により中世以来ロシア・東欧地帯で営々と生活を築き上げてきたドイツ人たちは、一九四五年五月、ドイツ敗戦前後から始まったドイツ人追放で身ぐるみ剝がされ故郷を追われた。その数は一五〇〇万人といわれる。その悲劇は連合国占領下、ドイツ女性に起こった悲劇と合わせ戦後のドイツ人の物の考え方に決定的な影響を与えた。

これら難民たちのうち約四一〇万人が東ドイツへ八一〇万人が西ドイツにいった（一九五〇年時点）。これは一九四九年のソ連占領地帯――のちの東ドイツ――の総人口の二四・一パーセント、西ドイツでは一五・七パーセントに当る（以上『FLUCHT VERTREIBUNG INTEGRATION』Stiftung Haus der Geschichte der Bundesrepublik Deutschland KERBER VERLAGより）。

西に行った人びとはＢｄＶ（強制移住者同盟）(注8)を結成した。彼らは西ドイツでは保守あるいはしばしば右翼と目される人びとだ。その憎ソ・東欧意識は反共を国是にまで導いた。

東ドイツではどうか。かれらのソ連・東欧に対するルサンチマン（怨恨）、その反ソ・反共意識が東ドイツ建国の理念とぶつかったとき彼らのナショナリズムにどんな影響をあたえたのだろうか。戦後、故郷を追われたＳ夫人(注9)、Ｉ夫人そしてＨ夫人の三人の体験談を紹介しよう（Ｉさん単独のインタヴューは〇五年と〇七年。Ｈ夫人は〇七年。ＩさんとＳさんの共同インタヴューは〇七年におこなった）。

Ｉ夫人は一九三五年西プロイセンのエルビング（現・ポーランド領北部）に生まれた。父親は船舶の溶接工のため兵役を免除され潜水艦などの建造にたずさわっていた。母親は主婦で、Ｉさんには二歳年下の弟がいる。一家は二部屋半の大きさのアパート住まいだった。Ｉさん一家がヒトラーの写真を家で飾っていないのを知った同じアパートの軍人が飾るように強要した。
「だから仕方なく小さな写真を飾った」

戦争末期、市は空襲こそなかったが赤軍からの砲撃がすごかった。スターリンオーゲル（カチューシャ）といわれたミサイルが間断なく打ち込まれてくる。攻撃がはじまると一家は地下室に退避した。

赤軍占領下の街——。

みんな一カ所に集められ生活をしていた。女たちは占領軍司令部で働き食べ物を得た。占領軍にはポーランド人も軍属として加わっていた。

当時、父親は捕虜となり戦車の溶接工として働かされていたが家族はそれを知らなかった。

敗戦時、あなたもきいたでしょうけれど、といってIさんはつづけた。

「強かんが多発して。私は子どもでしたから大丈夫でしたけど。——兵士たちは何度も母を呼んだけれど母は行かなかった。だから彼らから撃ち殺されそうになった。母は私と弟を抱きしめて言った。〝撃ちなさい〟ってポーランド語で。母はすこしポーランド語ができてね。兵隊もそれがわかってこれで救われた」

一般のポーランド人たちは四五年から翌年にかけて徐々に街に移って来た。

ポーランド人はロシア人に比べはるかにドイツ人に辛く当った。「身ぐるみ剝いで」いったという。

——ドイツ行きの家畜列車に乗せられたH夫人（一九二二年生まれ）はポーランドの検問で貯金通帳までも没収された。彼らは「私たちを手ぶらでドイツにいくよう」したかった。「父はいつも言っていた。ロシア人はいい人だと。パンがあれば必ず分けるし、お腹が空いていればどこからか食べ物を調達してくれた」。強かんもあったが、それは「戦中だった」し……。「ポーランド人は執念深かい」と彼女はいう。「とにかく〝ドイツ人が戦争を始めた〟の一点張りですからね」――。

Ｉさん一家は立ち退きを迫られた。

「母が〝私たちのことはほっといてください〟といったら、その若いポーランド人は母の顔を殴った。母も殴り返した。（笑い）とても勇敢な人でした。でもその後母は地下室に閉じ込められた。これは笑い事ではなかった」

「母が閉じ込められた五日間のあいだ私と弟はひとりぼっちでした。父の行方はわからないし母もいない。とても不安でした」

ロシア人の女医が母親を牢屋から連れ出してくれた。

母親はその五日間の間に何が起こったか話さなかった。

「母は水に飛びこもうとして私たちを連れて港にいったんです。でも私たちが叫んだので思いとどまった」

強かんに関してドイツ人の女性たちはさまざまな防衛手段をとった。女たちは街にいくとき、幼児を連れて歩いた。ロシア兵を見ると彼女たちは子どもの尻をつねりあげる。子どもは大泣きする。騒ぎを起こすことで兵隊たちにちょっかいをだされないようにした。Ｄさんは戦争末期、五歳だったが、伯母さんに始終これをやられ尻はいつも紫色に腫れ上がっていたと言う。彼がいまでも「蛇蝎のごとく憎んだ伯母さん」というのも道理だろう。

他にも女性が売春やロシア兵の〝彼氏〟を持とうとした。

――それは他のロシア兵からの強かんを防ぐためにですね。

「そうです。みんなが一つ部屋に住まわされたときに、ある一家のお嬢さんは赤軍の将校の〝彼氏〟を持った。それで彼女は守られていた。その将校はとても親切で、私たちにも食べ物を分け与えてくれました。――とんでもない奴もいたし、親切なロシア兵もいましたね。兵隊の中には早く故郷に帰りたくて脱走した者もいた。母はかれに父の背広をあげました。でも、つかまって銃殺された。そういうことが彼らの間でも起こっていたんです。それにまたロシア人とポーランド人は仲が悪くてね」

先のH夫人も、ポーランドからソ連軍が撤退したとき、ロシア兵はドイツ人のピアノを持ち去ったがすべてを持っていけず、「ポーランド人が使えないようにと残りは叩き壊していった」と言う。

Iさん一家は四六年六月までエルビングで生活する。ポーランド人からのいじめは、

「もちろんあった」

〝ドイツの豚〟とか子ども同士でいわれる。

「子どもは残酷ですからね」

その年、父親から手紙が届き、一家は父の待つメッケンブルクフォポマ州（後の東独の北部地帯）に向かった。「私たちは家畜用列車でドイツに送られた。家畜扱いだった。家畜のほうがしばしば人間よりもましな扱いだった（笑い）」

一家はほかの難民たちと同様、所持品をリュックに詰めるだけ詰めてやってきた。数百万の人が東欧から流れ込んできたのだから、本国の人びとの迷惑振りは察するに余りある。

「ほんとうにたいへんな始めでした。私は地面の上に直接寝ていました。地元の人からは〝ジプシー〟とか悪態をつかれるし。それに西と違って東では政府からの支援もない。それでも私たちは幸せでした。不安に苛まれることはないのですから。戦争もない。銃撃もない。平和。これで充分でした」

北部ドイツは比較的戦争被害は少なかった。Iさんたちが住む町も、空襲や地上戦を経験せず「窓ガラスも割れていない」平和な町のたたずまいだった。ロケット砲の洗礼を受けてきた彼女には俄かには信じられなかった。母親に聞いたぐらいだ。

「ここではいくさはなかったの？」

メッケンブルクフォポマでは現地の言葉もよくわからず、学校でもいじめられた。

―それはあなたにとって心的外傷《トラウマ》になりましたか。

「ええ、わすれはしない。いまでもときおり当時のことを思い出すんです。私たち難民はベルリンやラインにいたドイツ人たちと違い戦争のつけをすべて払わされた。（戦後も）東ドイツ人としてソ連に賠償させられて。西ではアメリカから援助さえ受けていたのに」

東ドイツから多くの人が西に移住していく。一九四九年の東ドイツ建国から一九六一年ベルリンの壁建設がはじまるまで西ドイツに移住した二七〇万人の東ドイツ人の内三分の一の九〇万人が、ソ連・東欧から追放され東ドイツに来た人たちだ。つまり彼らはソ連・東欧から追放され、こんどは東ドイツ政権を嫌(注10)って西ドイツに移住していったのだ（『FLUCHT VERTREIBUNG INTEGRATION』KERBER VERLAG）。

――自分も西に行こうという思いは？

「親戚たちは西に移っていったが私たちはいやだった。もう生活も始めていましたしね。まあ、西に行けばよりよい生活はできたでしょう。補償金も貰えたし。でも私は西に行った親戚を妬むことはなかった。妬む人もいたでしょうけど」

I夫人は学校を終え簿記係りとして働く。ライプチヒには一九六一年から住む。結婚し二人の娘をもうけた。現在は年金生活者だ。ＢｄＶの会員になったのは九四年からだ。

「なにかをしたかった。（ご自分の歴史をはっきりとさせたかった？）ええ、そうです。それにここは同じ運命を辿った人たちばかりですから」

このような運命を大なり小なり一二〇〇万人のドイツ人たちは辿った。

戦争がもたらす惨禍には、空襲、地上戦、逃避行、飢え、故郷・財産の喪失そして女性では強かんが挙げられる。ドイツ本国にいた人たちは少なくとも逃避行の苦難と故郷・財産――家財焼失はあっても土地は失っていない――の喪失は免れた。また強かん事件もベルリンなどを除き激減していた。

このような運命をたどった彼女たちは東ドイツ政権とどう折り合っていたのだろうか。

お二人同席でインタヴューをした。

S「歴史の授業で赤軍をたたえる話があってね。私はこっちに着たばかりでしょう。記憶も生々しいときに赤軍による強かん事件――（Sさんは戦争末期十四歳、ロシア兵から強かんされた）――については一言もふれない。私には苦痛でした（苦笑）。だから私、先生に反論したものよ。それに先生たちは、ソ連は多くのものを私たちにもたらしたとかいうけれど、彼らは街中の線路や工場など解体してロシアに持ち去っていくのですからね」

ソ連に対する戦争賠償は東ドイツが負担させられた。東ドイツの工業施設全体のおよそ三分の一をソ連は賠償として持ち去った（デモンタージュ）。また技術者たちも一時期ソ連に徴用した[注11]。

Ｉ「私のところは先生自身も難民だったからソ連をたたえることはしなかった。ロシア語が必須科目になったけど、そんなものやる気はさらさらなかったわ。スターリンが死んだときね、学校で哀悼の意を表すために私たち学生はみな正装して街に繰り出したんだけど、みんな小馬鹿にしてわらっていたわ。でも気をつけないと、へんな奴に告げ口されたらかなわないからね」

―東ドイツ時代多くの人が社会主義思想を受け入れなかった。その理由の一つとしてこのソ連・東欧からの追放の歴史がある。

Ｓ「そのとおりです。〝東ドイツ・ソ連の友好〟といった標語が当時街中に躍っていたけれど、私、それだけは勘弁してと（笑い）。若い人は学校では偉大なソ連を学び、家では違う話をきく。きいた話ですけれど、ある子が先生に言ったんですって。〝東プロイセンでうちのおばあさんは赤軍から～〟といったら先生は〝そんなはずはない〟とかね（笑い）」

―五〇～六〇年代は田舎では猛烈な反ソ感情が……（難民たちの多くが農民で、かれらは田舎に送られた）。

Ｓ「それはもう当然でしょう。あんな目に遭わされれば。反ソ反共といえたでしょうね。東ドイツはソ連の衛星国だし」

ある男性は、学校主催のソ連映画鑑賞会に行こうとしたところ、親に「そんな物見るな」と止められた。五〇年代のことだ。

—東ドイツ時代、人びとは追放の事実について知らなかったのですか。

二人「知らない人は多かった。公の場ではいえなかったし。個人的には話したけど。私たちは移住者とされる。まるで自由意志できたかのようにね。それに赤軍の蛮行については誰も信じなかった」

I「ロシア兵がメッケンブルクフォポマの町に来たときは彼らは友好的だったんです。だから人びとは私たちの話を信じなかった」

—作り話とか誇張しているとか——。

I「ええ、それはもうね。最近になって東ドイツ人たちも記録フィルム（テレビで放映）などで知るようになったけれど」

S「最悪なのは赤軍と交戦があった都市。ケーニヒスブルクなどロシア兵もたいへん凶暴になっていた。ロシアに対する恐怖感はアメリカに対するよりもはるかに大きかった」

—冷戦時代、西側陣営の人間たちは、社会主義国の党大会の様子や祭典などを見せられて、（その一致団結の様子に）東ドイツ人たちは洗脳されていると思っていたのですが。

二人「まったく違う。（ショーだった？）ええ、ショーにすぎない。みんなわらっていたわ」

I「解放記念日（五月八日・ナチ敗戦日）などは、わたしたちを（ナチから）解放したって言うけど、いったい誰が。——善玉と悪玉双方からね。（笑い）なんて皮肉っていたわ。まあ、この日は休日だから、それについては喜んだけど（笑い）」

公式にはソ連は善玉であったが、庶民感覚ではかれらは悪玉に過ぎなかった。

二人とも東ドイツという国を恨んでいただけではない。ぐんぐんと生活水準の向上がはかられる西ドイツほどではないが「生活は徐々によくはなってきていたんです」（Sさん）。

だからこそ、反ソ反共感情が渦巻く中でもかろうじて体制を維持できていたのだろう。もちろん、反ソ反共意識は「世代から世代に受け継がれていった」（Sさん）が。

年数回、東ドイツでは〈東ドイツ・ソ連友好の夕べ〉が催され、党の幹部や、駐留ソ連軍の幹部たちが集まり永遠の友好を誓う。しかし一般の市民とソ連軍兵士との交流は禁じられていた。あるソ連兵はライプチヒに数年間駐留し、その後ソ連に帰国したが、いったい自分がドイツの何という街にいたか最後まで知らなかった。この話はソ連に旅行に行った東ドイツ人が現地できいた話だ。ライプチヒの彼らの兵舎ではカーテン代わりに新聞紙を使っていた所もあった。とにかく、いかにお互い知り合いにならないで、かつ友好を結ぼうというのだからソ連も東ドイツもたいへんだった。

ここで整理して置こう。

ソ連・東欧から追放され東ドイツに来た人たちの怒りはつぎの七点に集約できるだろう（一から三までは西ドイツ人も共有する感情である）。

一、敗戦前後、ロシア人、ポーランド人、チェコ人たちから大へんひどいことをされた。
二、故郷を追放され無一文となった。ドイツに向かう道中多くの肉親が死んだ。
三、新たに故郷となったドイツ本国では地元の人びとからさんざん侮辱をうけた。
四、西ドイツでは手厚い援助・支援金が難民に支給されたのに、東ドイツでは補償は一切なかった。

五、東ドイツでは自分たちの体験を公にすることができなかった。
六、ソ連や東欧諸国——偉大な社会主義の祖国・ソ連、社会主義兄弟国のポーランドやチェコ——をたたえかつ友好をむすぶという茶番を我慢しなければならなかった。
七、ドイツ人としてさんざん戦争のつけを払わされただけではなく、東ドイツ人としてソ連への戦後賠償（デモンタージュ）も強いられた。

以上の体験は、猛烈な反ソ感情と、西ドイツ人に比べ著しく不公平だという思いを人びとに刻みこんだ。

東ドイツ社会に強い反共感情があり、それが何かの形で火を噴く可能性は建国当初からあった。現在、旧社会主義諸国の秘密警察の記録が分析されだしているが、東ドイツに限らず、東欧各国で反体制的な動きがかなり早い時期に発生していたことが明らかになってきている。

その反体制も三種類ある。

一つ、真の社会主義を目指した動き（たとえば、一九六八年チェコソロバキアの「人間の顔をした社会主義」・プラハの春）。
一つ、資本主義体制への転換を目指した動き（たとえば、一九五六年ハンガリー動乱。この動きを担った一部には戦中ナチと協力していた者もいる）。
一つ、極右の動き（たとえば、一九八七年東ベルリンのシナゴーグを襲撃したネオ・ナチグループ）。

このように反体制運動といっても左から右までさまざまだった。

ところで、赤軍だけを悪者にすることはできないだろう。米・英・仏連合軍によるドイツ内での乱暴狼藉も相当のものだったときく。ライプチヒで何人かの老婦人と話す機会があった。ライプチヒは初めに米軍に占領されその後ソ連軍に引き渡された。

彼女たちはつぎのように当時を語った。

「アメリカ軍が、赤軍に比べてましとはお世辞にもいえないわね。強かん事件も頻発したしね。また兵士たちは徒党を組んで家に押し込み金目の物を奪っていったわ」

――では赤軍の蛮行についてはどうですか。

「それは、指揮官によってずいぶん違っていた。ソ連でドイツ軍からひどい目にあった者は、それをそのままドイツ人にもしたのよね」

当時は冷戦時代なので、米・英・仏軍によるドイツ市民に対する犯罪行為を語るのは西ドイツでは禁忌だった。東でロシア兵のそれを語るのが禁忌であったように。

しかし、それでも米軍のほうがましという印象を私は人びとの話から持った。何といっても米軍は裕福だったし、市民にチョコレートを配ったりした。第一、戦中ロシア人に対しておこなわれた残酷な扱いをアメリカ人はドイツ人からうけなかった。赤軍はロバに乗ってくる兵士もいて、ドイツ人に何かやろうにも自分たちの分さえままならなかった（一度、赤軍からガムが配られたという話はきいたことはある)。

このソ連軍占領下のドイツでロシア兵の田舎者ぶりを伝える話は枚挙にいとまがない。「彼らは森から来た人」だった。

たとえば、水洗便所を初めて見た兵士たちは意味がわからず、ジャガイモを入れて洗った。そのあと、便所の紐を引いたら全部ながれてしまい、盗まれた! と大騒ぎになった。パン屋にきた兵士たちが、なにか食べさせてくれというので、パン屋さんがパンを作り始めると、そばに兵士が立って、毒を盛られないように見張っていた話等々……。そこにはロシアの貧しさとたくましさ、純朴で乱暴といったドイツ人の「ロシア人観」の一端がかいま見えるようだ。

以上のことをまとめると次のようなことがいえるのではないか。

一九四五年のドイツ。灰燼と帰した国に一〇〇〇万人を超える難民の波が押し寄せた。その波は四九年までつづく。自分たちを放逐した難民たちの憎ソ東欧感情は尋常なものではなかった。西ではBdVという巨大な圧力団体が生まれ冷戦という追い風を背に反ソ反共を国是にまでするほどの政治力を発揮した(日本は反共を国是までにはできなかった)。

一方、東ではそれは表には出せなかったものの、子どもたちにはしっかりと反ソ反共意識は伝えられた。SED政権を鼻でせせら笑う雰囲気はすでに五〇年代からあった。

しかし、新世代との葛藤も起こった。友人のMはザクセン州の村出身者だ。村はポーランド、ユーゴスラビア、ハンガリー等々、東欧各地からきたドイツ人によって構成されており、かれらの意識と、学校で教わってくることとの違いに「しばしば大喧嘩になった」という。しかし、それもすぐに消えた。ベルリンの壁構築により東ドイツが半鎖国状態になると若者たちの間で反共意識がぐんぐん成長していった（「ベルリンの壁」が落ちた後、共産党の手先とみなされていた教師たちは大変だった。ある教師は、襲撃を恐れて、当時空気銃を枕元に置いていたという話もある）。

先のライプチヒの老婦人たちはこんな話もしてくれた。

「当時（五〇年代初頭）、私たちはライプチヒから汽車で二〇分かけて職業学校に通学していたんです。いつも私たち女の子四人同じ座席で。そこは指定席ってわけね。車中私たちはセーターを編んでいた。既製品ではなく、ちょっと自分の特色を出した物を、と思って」

まだ戦争の傷跡深い時代、汽車に揺られながら若い女の子たちが客車の一角に陣取って、「ちょっと自分の特色を出した」セーターを編む。彼女たちが客車一杯になったとき東ドイツは終焉を迎えたのだ。

社会主義国での愛国心とは

東ドイツ人のすべてが「反共」ではなかった。社会主義は支持する。けれど東ドイツの現状は社会主義には程遠いと考える人も少なくなかった（この人びとが一九八九年秋の「月曜デモ」を首唱した主勢力の一角を占めた）。

また、社会主義を支持し、したがって東ドイツも支持する人もいたし、社会主義は支持しない、しかし東ドイツは悪くないと思う人もいた。

建国以来、彼の国では妙なことが起きていた。現実には東ドイツ国を世界に承認させるというまさに国家主義的動きと、反面それを否定する国際人の養成だ。

では、つぎに東ドイツ時代のナショナリズムについて報告する。

社会主義とナショナリズムは本来相容れないはずだ。当時社会主義諸国では、資本主義に対する「社会主義の優位性をしめす」とそれを表現した。この優位性がはっきりと示された領域はスポーツだ。東ドイツの五輪での強さは定評があった。(注12)

ライプチヒには、東ドイツ時代につくられたスポーツの専門大学がある。ここで訓練された選手たちの多くが五輪でメダルを獲得した。その大学の目の前に巨大な競技場がある。〇六年サッカーの世界大会、韓国対フランスの試合がそこで催された。市内は韓国人、あるいはフランス人と思しき人たちでにぎわった。わたしは、「韓国頑張れ！」と地元の人から何度か応援された。

〇八年冬、わたしは同大学から徒歩十五分ぐらいの所にあるスポーツ施設を訪ねた。そこには水泳、拳闘、柔道等々各種のコースがある。そのスポーツ倶楽部〈アトラス〉で、拳闘の指導をしているグンター＝メンシュ氏に話をきいた。

メンシュ氏は一九四〇年ライプチヒに生まれた。東ドイツ時代は拳闘のコーチとして一般人の指導に当たった。二〇〇〇年から年金生活に入り、それ以来奉仕活動として週四、五回こちらで若者たちの指導に当たる。

東ドイツ時代、氏自身は「国際大会のための選手育成には関らなかった」が「いろいろ見聞きした」とのことで話を伺った。

「指導員たちは競技大会に勝つことが目的でしたから、好成績をあげられなければくびでした。SEDや労働組合からは当然優勝を目指しての圧力はある。国もスポーツにはお金をかけていましたし各会社から寄付もあった。西ドイツへの対抗心もある。また選手育成のために多くのコーチを外国に送ってもいました。チリ、キューバ等々……。私は五年前エジプトに行ったんですが、カイロのアレクサンドリア大学のエジプト人三人と話をしたら、かれらは東ドイツ時代のライプチヒで学んだというのです。嬉しかったですね。ライプチヒには留学生も多かった。別に彼らのすべてが才能ある選手ではなくスポーツを通しての交流という面もありました。東ドイツのイメージ・アップにもなりますしね」

—当時の愛国主義についてですが。

「もちろん人びとはメダルを取れば喜びましたよ。メダルを取った選手は優遇されましたしね。ただ、それが、へんな方向にいかないように気をつけていたようです。くわしいことはわかりませんが」

わたしはしばしば東ドイツ人からきいたことを氏に確認してみた。

—当時、五輪や国際大会には混血の選手は起用されなかった。「ドイツ人」らしくないからと。たとえばモザンビーク人の父親と東ドイツ人の母親をもつ選手は成績とは関係なく国際大会出場は無理だった。

「それは私にはわかりません」

と氏はいう。そして、肌の色は関係ないですよ、と続けた。

「それよりも、西側に逃げられることを一番心配していたんです」

第三世界から才能ある若者たちが東ドイツに送られた。彼らはそこで高度の訓練を受け各種競技会で好成績をあげる。そのなかで、大金を稼げる拳闘などの選手——たとえばキューバの選手——の動向は注意された。「西に行って大金など稼がれてはたまりませんからね」。さきの混血の選手も、親の一人が外国籍だと西に行けるので避けられたのではというのが氏の説明だ。これは東ドイツの選手も同じだ。優秀なサッカー選手で西に行きそうな者は国際大会には出場させない。とくに西側で開催される競技大会はだめだ。

共産党政権にとり、手塩にかけた選手が西側に亡命し、そこで大金を稼がれるほど面子を潰すことはない。〝自由を求め、西でチャンスをつかみ成功した選手〟という西側の宣伝に使われることは目に見えている。

それでは〝人種〟は国際大会出場に無関係だったのか。——東の友人は「西ドイツだって当時は同じだ」という。でも、東ドイツは曲がりなりにも社会主義国ではないか、というと「あ！　社会主義ね」といってかれは天を仰いだ。

一九九二年につくられた〈アトラス〉は現在六〇〇人近い会

アトラスにて。

露系ドイツ人の女の子たち。アトラスにて。

員をもつ。そのうち半分が未成年者だ。年会費は大人七五ユーロ（一万二七〇〇円）、子どもは四五ユーロ（七六〇〇円）だ。失業者、あるいは親が失業している場合年会費は半額だ。

三〇〇人近い若者たちのうち四割がロシアから来た移民たち[注13]だ。

「露系ドイツ人たちはすぐにロシア語を話す。そのほうが彼らにとって楽だからね。でも、私はいうんです。〝きみたちが二カ国語を話せるのはいいことだ。しかし、ここにいる以上はドイツ語を話しなさい〟とね」

―スポーツを通して露系ドイツ人の若者たちの社会への統合がはかられるわけですね。

「それも私たちの仕事であるわけです」

氏は語った。

スポーツに顕現されるナショナリズムとそれをとおしての社会化。単に肉体の訓練だけでは終わらないものがそこにはある。

一九四九年、東西ドイツは建国した。

両国とも世界から承認を得るために外交攻勢をはじめた。西ドイツはゲーテ学院《インスティテュート》を全世界に展開し、東ドイツのほうは文化団を編成し第三世界に送り込んだ。シリア、レバノン、モロッコ、イエメン、ギニア等々……。

一九六〇年代はアフリカ独立の年だ。東ドイツ政府も力を入れた。当時は、東も西もその区別が外国人にはつかない。まず、ドイツ民主共和国（東ドイツ）という名をおぼえてもらうことが先決だった。その六〇年代に東ドイツで人気を博したインゴ＝グラフという歌手がいる。一九三八年現在のM・フォポメン州生まれの彼は文化使節団の一歌手として世界中を巡った。独立ほやほやの国々に最初にグラフ氏らの文化使節団、つぎに外交使節団が訪問するといった具合だ。

同氏によるとゲーテ学院はその国のエリート層にドイツ文化の紹介をはかり、東ドイツのほうは「一般人向けの演奏会などを催していた」とのことだ。一つの国にゲーテ学院と東ドイツの文化団が鉢合わせということもあった。競合することは、ときくと「それはなかった」と氏はいう。「そもそも（訴える）対象がちがっていたからね」。

世界中を巡って活躍した氏は歌手引退後は数学教師として働く。氏に当時の学校教育におけるナショナリズムの問題についてもきいた。

―七〇年代前半になると東ドイツでは国歌（の歌詞）を教えなくなったと聞きましたが。

「そうですね。もう六〇年代半ば頃には歌わなくなったと思う。旋律だけになる」

西ドイツは、東ドイツを最後まで独立国とは認めなかった。東は西ドイツの一部だが、目下、ソ連に占領されている、というのが彼らの公式な立場だった。だから東ドイツは冷戦時代EC（ヨーロッパ共同体）の一員待遇で関税面で少なからぬ恩恵を受けた。しかしそれでは西ドイツの属国になりか

歌手時代のインゴ＝グラフ氏。

ねないと東の指導部は恐れた。

　母語がドイツ語でもドイツ国民とは限らない。スイス（の大部分）や、オーストリアではドイツ語が話されるが、かれらは「ドイツ国民」ではない。だから、東ドイツ人も西ドイツとは異なる国民であっていいわけだ（一民族二国家論）。しかし西ドイツが一民族二国家論を採るようになると、東は二民族二国家論を言い出す。これは「社会主義的民族」のことだ。民族に囚われない普遍的人間、社会主義的民族をつくろうということだ。「人びとには抽象的過ぎて」わからなかったが。

「国際主義とか連帯といった大仰な言葉ばかりが躍っていた。さまざまな祝祭典が催されていたが、みんな関心は持たなかった」

と氏は語った。

　同じ時期、西ドイツは頑強に血統主義を守っていた。

　西ドイツが心配したのは東ドイツの独自の国家化だ。それを阻止すべく彼らは「血統主義」にしがみついた。一八七一年のドイツ帝国建国以来「ドイツ人」としてやってきたものはドイツ国民であると主張した。ドイツ再統一のとき、それは最も有効に機能した。同じドイツ人同士がふたたび一緒になった、と。

　これは東ドイツ人たちにたいへんな誤解を招いた。統一時、かれらの民族意識は異常に昂揚していた。それは多民族社会に生きて久しい西ドイツ人や同国在住の外国人をして不安を抱かせるものだった。西ベルリンは米英仏などの連合国管轄下で、各占領地域に独自色があり、また外国人も多く、西ドイツ人はいろいろな人間のグループのひとつに過ぎなかった。そこへ「ドイツ人！」「ドイツ人！」とがなりたてる連中が来た。ベルリン在住のトルコ人は、八九年当時を「わけのわからん（ザクセン訛の）ドイツ語を話す連中が押し寄せてきた」といった。

血統政策によれば、東ドイツ人たちが自分たちこそ統一ドイツにおいて最優先されるべきだという考えを持ったとしても無理はない。しかし西ドイツでは政策においてはどうあれ市民の間では「いまさらドイツ人もないだろう」という感覚が大半だった。東ドイツ人の行動はかれらにとって奇異にしか映らなかった。

国際主義が空文句にすぎなかった東ドイツ。血統主義が空洞化していた西ドイツ。これが一九九〇年前後の両国の実態だった——（この血統主義が息を吹き返したのは一九九九年の二重国籍問題のときであった）。

注

注1　〇七年の極右犯罪件数は一万七一七六件、うち暴力事件は九八〇件とやや減った（『憲法擁護庁報告2007』）ものの〇八年は、一万九八九四件、うち暴力事件は一〇四二件と上昇した。（『憲法擁護庁報告2008』より）

注2　一九八九年十一月、ベルリンの壁が落ちた後、ポーランド人たちが東ベルリンで物を買い込み西ベルリンでそれを売るといった商売をはじめた。たとえば東西ドイツマルク交換比率を西マルク一に対し東一〇とすれば、一個一〇東マルクの鍋五つを西で一個五西マルクで売れば二五西マルク（二五〇東マルク）になり、それでまた東ベルリンで鍋を買い、それをさらに……といった具合だ。

注3　フィジー。ベトナム人に対する蔑称。現在では東アジア人全般に対するもの。トルコ人に対するものはカナッケンで、これはカナック（太平洋ニューカレドニアの先住民）からくる。いずれもフランスから来た呼称で南洋諸島を植民地にしていた同国が〝野蛮人たち〟という意味で使い出したものがドイツに伝わったという説がある。

注4　インターショップ。外貨獲得のために社会主義諸国で開かれた店。西側製品が西側通貨（主にドルと西マルク）で販売された。デリカートという東マルクで買えるやや高級品を扱う店もあった。

注5　東ドイツ時代、人民軍並びにシュタジー職員にも極右思想に共鳴する者たちがいた。一九六五年から一九八〇年までに七〇〇件以上の右翼事件――人種差別、ヒトラー挨拶（ハイル・ヒトラー）、暴力――が、彼らの間で発生した。他にも一般市民による反ユダヤ事件では、ユダヤ人墓地を荒す、落書きをする等の事件が、たとえば東ベルリンで一九五三年、一九七一年、一九七七・七八年に起っている。
(Rechts extremismus und Antifaschismus. herausgegeben von Klaus Kinner und Rolf Richter. Karl Dietz Verlag Berlin.)

注6　外国人たちは旧東ドイツ地帯への赴任を嫌がる。家族、子どもの教育等の環境に関する不安があるからだ。東の会社での就職の面接では三分の一、あるいは四〇パーセントの企業で外国人排斥が話題に

なった（以上、DIE ZEIT Nr. 19　〇八年四月三〇日）。

極右犯罪の発生率上位五州一位から五位まで（〇七年・〇八年）はつぎのとおり。ブランデンブルク、ザクセン＝アンハルト、チューリンゲン、ブレーメン、ザクセン（〇七年）ザクセン＝アンハルト、ザクセン、ブランデンブルク、チューリンゲン（ブランデンブルクとチューリンゲンは同率三位）、ハンブルク（〇八年）

（憲法擁護庁報告2007・2008より）。ブレーメンとハンブルク以外は旧東ドイツである。

注7　日刊紙『ラウゼッツァ＝ルンドシャウ』紙はベルリン自由大学の行った世論調査の結果を伝える。〇六・七年に東西ドイツ人（西の二州、ベルリン、東のブランデンブルク州の計四地域）の一〇・十一年生に「東ドイツ」について調査するとブランデンブルク州では二人に一人しか東ドイツが独裁国家であった事実を知らない。うち男子生徒の四〇パーセント以上がシュタジーを普通の秘密警察と見ている。これを受けて同紙の批評欄は「東ドイツの生徒に大きな知的欠如がある。かれらの多くが東ドイツを社会保障の整った夢の国と見ている。これは教師や両親の影響だ。ドイツ史の中で東ドイツについての授業を増やさなければならない」と指摘した（同紙。〇八年二月二日付より）

注8　ＢｄＶは一九五七年十月二十七日、旧ドイツ領各地の同郷人団と連合会によって発足し、翌一九五八年十二月十四日、ベルリンにて設立した。

注9　シェファー夫人。月刊誌『世界』（〇六年五月号、岩波書店）の拙文〈ドイツ・東欧間に突き刺さる『歴史問題』のトゲ〉で夫人のインタヴューを紹介。拙著『東方のドイツ人たち』（現代書館）に収録。

注10　一九四九年十月の東ドイツ建国から一九六一年八月のベルリンの壁建設開始までに東から西に移っ

た人の数は三六〇万人あるいは二七〇万人といわれる。三六〇万人という数字を拙著『伝説となった国・東ドイツ』と『東方のドイツ人たち』（ともに現代書館）では採った。
注11　デモンタージュ。戦後賠償では東西ドイツで大きな差があった。西ドイツには同国の工業設備の三〜五パーセントが米国などの連合国に賠償として引き渡された。以上、Allein bezahlt? Rainer Karlsch. CH. Links Verlag, Berlin より。
注12　東ドイツの五輪でのメダル数。たとえばソウル夏五輪（一九八八年）では一位ソ連・金五五銀三一銅四六。二位は東ドイツ・金三七銀三五銅三〇。三位はアメリカ。
注13　かつてドイツ人の主な移民先はアメリカとロシアだった。十八世紀、ドイツ出身のエカテリーナ二世がロシア皇帝になるとドイツ人のロシアへの入植が本格化する。第二次大戦後、西ドイツ政府はこれら移民の子孫たちのドイツ本国への受け入れをはかる。表参照。

第二章　ナショナリズムとしての反ロシア

ナチスの戦争は、ソ連のボルシェヴィズムとその「アジア的野蛮」を阻止する戦いという意味も持っていた。

（三島憲一『現代ドイツ』岩波新書）

ドイツに住んだことのある人なら彼の地の人びとのロシア・東欧世界に抱く深い嫌悪感、あるいは漠とした恐怖感に驚かされたことは一度や二度ではないだろう。

「ロシア人一皮向けばタタール人」といわれる。タタール人とはいわゆるモンゴル人を指す。中世、モンゴルの支配下にあったロシア人たちを西欧人たちはアジア人とする。

欧米では「恐怖の三点揃い」と呼ぶべきものがある。スターリン・ロシア・共産主義だ。この残忍・茫漠・集団主義が指し示すのはアジアだ。アジア的野蛮・アジア的専制・アジア的停滞、アジアとついた途端すべてが負の要素に還元される。

大戦末期、東から迫り来る赤軍に、ナチは〝チンギスカン以来の侵略〟と形容した。歴史の教科書にかろうじて載っているような故事がなまなましく彼らの脳裏によみがえる。これは単に我われの偏見ではない、とドイツ人は考える。見よ！　大戦末期のロシア兵の蛮行を。ドイツ女性に陵辱のかぎりをつくした「ロシア人」たちを。赤軍は、中央アジア出身の兵隊にまずドイツ女性を強かんさせた。かれらの間では人肉食もあった……。――こうしてぬかりなくアジア人――グルジア出身のスターリンもアジア人だ――の残酷さを立証していく。この恐怖感を土台にし、冷戦時代の反共＝反ロシア感情は誰憚ることなくある種天真爛漫に人びとの頭の中に染み込んでいった。

本章では、ドイツがソ連で何をしたのか（加害の面）を明らかにし、現在のドイツでそれをどう総括しているのかを明らかにしたい。先の大戦の解釈とナショナリズムは直結するからだ。

ロシアから見たドイツ

ドイツのテレビでロシア兵に強かんされた結果、生まれたドイツ人男性の話が紹介された。母親が、息子の二の腕の剛毛を見ていった。

〝うちの家系にはそんなのはいないはずだがね〟。

〝その理由は母さんが一番良く知っているじゃないか〟と彼が言うと、母親は顔色を変えた。ロシアへの嫌悪が隅々まで行き渡っている社会。ドイツ在住のロシア人たちはどう暮らしているのか――。

タチアーナ＝オストロフスキーさんは一九五三年生まれ。一九九一年からベルリンで生活をするロシア女性だ。彼女の夫がユダヤ人なので、一九九一年にサンクトペテルブルクの一家――夫と二人の娘――揃ってイスラエルに移住した。

ちょうどその時期に第一次イラク戦争（いわゆる湾岸戦争）が勃発した。イラクが撃ち込んで来るミサイルに怯えながら、オストロフスキーさんはアメリカ、あるいは西ヨーロッパに移住する路を探っていた。イスラエル人も「私たちは国を守らなければならないが、あなたはユダヤ人ではないのだから、ここを離れたほうがいい」といった。

イスラエルの新聞にはよく移住斡旋業者の広告が掲載される。〈アメリカ移住を希望される方相談に乗ります〉との広告に彼女は飛びついたが、満席だった。そこで〝ドイツ行き〟をとった。

ベルリンに着くと業者はオストロフスキー一家を含む移住希望者の一行を外国人局に車で連れていき、帰ってしまった。後は自分たちで難民申請しなさいということだ。外国人局は、とりあえず一時宿泊所にかれらを留め置いた。

外国人局からは執拗に帰国を促された。しかし、安全を求めてドイツに来たユダヤ人一行を追い出そうとしているとの地元メディアの報道、話が大きくなるにつれ当局はついに折れ一行は滞在を認められた（これにはドイツ人の弁護士が手弁当で彼らのために奮闘してくれたという）。彼女の娘二人はいずれドイツ国籍を取るつもりだ。

このような背景をもつ彼女はドイツという国の持つ懐の深さを充分認めている。でも、彼らのロシア観はゆるせない。オストロフスキーさんもドイツ人たちからしばしば戦中の〝ロシア兵の蛮行〟について聞かされる。彼女はただ黙ってきく。反論しないのはドイツ語の会話能力に自信がないからではない。もし彼女が〝ドイツ兵のソ連での蛮行〟をいえば、そんなにドイツが嫌いならロシアに帰れ、

1912年、ロシア・ウラル山脈近郊の農民一家。Ostrovski Tatiana氏提供。

という言葉が相手の口から衝いて出るのは火を見るより明らかだからだ。

「自分たちがソ連でしたことは棚に上げて……」

温厚な彼女がこの話題になると目が据わっていた。

ドイツのテレビではロシア兵の蛮行だけ伝えられるので、ドイツ人の蛮行について何か言わんかと見ていたら一度、ナチによるソ連人の処刑の様子を記録したフィルムが流れた。ソ連領内に住むユダヤ人の処刑だった。ロシア人についてはないのかと我慢してみていたら、一度だけ——もちろん私が見た範囲でだが——元ドイツ兵による具体的な証言があった。元兵士はこういった。

「ロシア兵はドイツで女性を強かんするだけだった。しかしドイツ兵はロシア人女性たちを強かんした後には、必ずナイフ、あるいは銃で殺していた」

ナチの人種理論ではロシア人などのスラブ人たちはアジア人だ。最下等の人種で絶滅の対象だ。そのスラブ人女性との性交が公になれば、ゲルマンの血を汚した廉で兵士は処刑される。口封じのために殺したのか。

ドイツ人がソ連から何をされたかについては何の困難もなく知ることができる。しかしドイツがソ連で何をしたかについて知ることはドイツでは極めてむずかしい。

私はドイツに住むロシアから来た人――できればロシア人――に話をきければと思った。しかし、それには戦争経験のある人で、しかもドイツ語のできる人でなければならない。さきのオストロフスキーさんは戦後生まれでこの条件から外れる。

いまからご紹介する二人はロシア出身のユダヤ人だ。ドイツ軍の蛮行を体験した人びとだ。彼らの話からでも、戦中のソ連の様子の一端がわかるだろう。取材はライプチヒのドイツ・ロシア協会の職員スザーナ＝ヴァインさんとの共同インタヴューによった（〇八年）。彼女には通訳としても協力を頂いた。また、最初に紹介する「レニングラード九〇〇日間の攻防戦」の証言は、当時同市で大学生活を送っていたW氏（露系ドイツ人・男性）のものである。


熾烈を極めた独ソ戦のなかでもとくにその苛烈ぶりで知られるのは「レニングラード九〇〇日間の攻防戦」だ。一九四一年九月から四四年一月までレニングラード市（現・サンクトペテルブルク）はナチ・ドイツ軍の重囲に陥ちた。

四一年六月二十二日、ナチはソ連に侵攻する。その約二週間前にレニングラード地区の書記で政治局員のジュダーノフが、党機関紙の『プラウダ』レニングラード版に寄稿していた。〝わたしの友人同僚諸君は同意してくれないが、わたしはつぎのことを……〟という記事は隣国フィンランドにドイツ軍が集結しソ連国境に向かっているというものだった。

六月二十二日、奨学金の支給日、一二〇ルーブルという少ない奨学金からW氏ら学生たちはお茶や黒パンを買って皆で議論をした。話題はさきの記事だ。

大激論になる。あの記事はどういう意味だったのか。戦争がおこるとすればいつか。この年の秋、（穀物の）収穫後ではないか。いや今年はいくさはないだろう……。

ドイツ空軍の爆撃機の大編隊がレニングラードを襲ったのは九月半ばだった。当時の市の人口は約三五〇万人だったが「西からの避難民を抱え五〇〇万人ぐらいにはなっていた」とW氏は語る。ナチはまず食糧倉庫地帯を徹底的に爆撃した。「わたしは学生としてそこで働いたことがあったんですよ。そこが最初の空襲でやられた」。

レニングラード市民はそれを知らなかった。人びとを激昂させたのは別のことだった。市内の動物園にも爆弾が落ち、そこの象や牛が殺された。ベッチーという愛称をもつ象などは子どもたちも触ることができ大人気だった。ファシストめ！　みんな火のように怒っていた。

食糧の欠乏はすぐに襲ってきた。配給制になり量も週ごとに減っていく。人びとにとって食糧を手にいれる以上にたいへんだったのは水だ。四一年の冬、水道は凍結するか破壊されている。川から飲料水を工面した。ネバ川は氷結しており、人びとはそれを叩き割って家に持って帰った。厳冬期、暖房もなく調理のために家具を壊し燃やした。街の至る所で火災が発生した。一度火災が起こるともう手のつけようがなかった。建物が燃え尽きるまでゆっくりゆっくり、静かに、週を越え燃えつづけた。四一年の冬まで空襲はほぼ毎日あった。それ以後は長距離砲による攻撃をうけるようになった。空爆は天候に左右されるがカノン砲は関係ない。連日砲弾が打ち込まれた。

当時十七歳だったユダヤ人女性S＝マックソンナさん（一九二四生まれ）は、当時の街の様子を次のように語った。

学校ではじめのうちは給食——うすい汁——がでたが、それもなくなると誰も通学しなくなった。一五〇グラムのパンが各人に支給され、働いた人には二五〇グラムが支給された。父親は野外作業中指先に小さな裂傷を負いそこから黴菌が入り死んでしまった。体力がほとんどなくそんな程度の怪我でさえ命取りになった。

人肉食が始まった。多くの死体が街中に放置されていたが、死体の食べられる部分がごっそりと切り取られていた。——これについて彼女はこれ以上具体的なことはしらないといった（資料などによると死体からだけでなく、たとえば夫が妻あるいは子どもを殺して食べた、といった事例もあった）。

このような状況下でも——あるいはだからこそ——街にある劇場では芝居が催されていた。彼女の家の近くにAという名門劇場がある。ある日、空襲警報がなり場内にいた観客たちはいっせいに避難した。警報解除で人びとが戻ってくると、「わたしも他の人と一緒についてただで芝居を見た」（笑い）。

さきの大戦でドイツ人は二七〇〇万人のソ連人を殺した。(注1) よくこれだけ殺したものだ。犠牲者のほとんどがロシア人だ。相手が〝アジア人〟だからできたことだろう。また、犠牲者のうちおよそ二〇〇万人がユダヤ人だ。われわれ日本人からすると、ロシア人もユダヤ人もいわゆるヨーロッパ系の顔で、どうやって区別するのかと思うのだが。逆にいえばナチもそのような〝外見から来る印象〟を打ち破らなければならないだけに、その人種理論は壮大で虚ろなものになっていったのだろう。

イサク＝Sさんはウクライナで生まれ育った。ナチが来たときはまだ四歳だったがよく憶えている。

町の中心地でドイツ軍の軍事パレードが催された。美々しく飾られた部隊の行進だった。ドイツ兵は、住民たちにお菓子などを配った。地元の教会の神父も〝塩とパン〟（歓迎の徴）をもって占領軍を迎えた。「彼らは何も悪いことはしなかった」。しかし、あるドイツ兵はいった。「気をつけなさい。後から凄いのがくるぞ」。一週間後、ＳＳ（親衛隊）が町に到着した。彼らは「どこからともなく現れたウクライナ人の警察官と一緒に」ユダヤ人の家をまわり、「快適なところに連れて行く」と人びとを連行した――。

その後、Ｓさん一家はウクライナ内にある強制収容所に送られる。監視兵ははじめドイツ人で、のちにルーマニア兵にかわった。ルーマニア兵はドイツ人に比べるとましだった。逃亡をはかって捕まったことがある。ドイツ兵なら即銃殺だったが、ルーマニア人はただ殴るだけですんだ。ウクライナ人の兵隊は常にいた。彼らはドイツ兵よりもよほど怖かった。

ナチ占領下のウクライナでは食糧が欠乏、住居の多くが破壊されナチはこれをユダヤ人の仕業と宣伝した。それを信じ戦後もユダヤ人を憎みつづけた人びともいたとキエフ出身のあるユダヤ人女性は話す。

ウクライナには非常に強い反ユダヤ主義が戦前からあった。

九〇年代に同国からドイツに移住してきたあるユダヤ人の男性に私はきいたことがある。反ユダヤ主義はソ連崩壊後に激しさを増したんですね。いやいや、と彼は首を振って「ソ連時代からそうでした」。だから「娘の帰りが遅くなると心配でいられなかった」。なぜです。一見してユダヤ人という外見ばかりではないでしょうに、と私はいった。まったくおっしゃるとおり、と男性は頷いた。「しかし、誰か娘を知るものがいて、〝ああ、あれはユダヤ人だよ〟などといって、それが悪人の耳にはいったりしたら――」

一九九〇年東ドイツの人民議会では、それまでの共産党政権のとったイスラエル政策を反イスラエル・反ユダヤ的なものとし、その反省にもとづいてソ連で圧迫を受けるユダヤ人たちのドイツ移住を認める決定をした。以来二〇万人以上のユダヤ人（とその家族）がドイツに移住してきた。

さて、話を戻そう。ドイツ軍のソ連での蛮行の極一部をきわめて簡単にだが紹介した。だが、この程度の話でさえ一般のドイツ人は知らない。

『東京新聞』によると、敗戦直後ベルリンのドイツ人女性の運命を題材にした映画がドイツで上映され話題になっているという。（『東京新聞』、〇八年十一月二日、三浦耕喜記者）。その伝えるところによると、映画――原題『Anonyma-Eine Frau in Berlin』。匿名希望――ベルリンの女。――はただロシア兵の蛮行、強かんを描くだけではなく、ドイツ兵のソ連での蛮行も取り上げ「一方的な告発ではない」（同前）という。しかしそれでは双方とも悪かった、という結論がいいところではないか。「戦争は悪い」という一般論で、誰がその戦争を起こしたか、という根本の問題はどうなるのか。すくなくとも、そこからはロシア人に本気で謝罪しようという態度は生まれてこない。記事を読みながらそんなことを私は思った。

テレビでも〝ロシア人の残酷さ〟については詳細に伝わるが、〝ドイツ人の残酷さ〟についての証明はユダヤ人に関するものだけだ。日中戦争下、日本軍の中国での蛮行について『中国の旅』（本多勝一著、朝日文庫）というルポがあるが、このようなルポ、つまりドイツ人のソ連での蛮行を主題とするものはドイツでは不可能だろう。まずやる人がいないし、大メディアでの発表は無理だ。このメディアの態度は国民の気分を反映したものなのか、あるいは別の意図があるのだろうか……。

注1　第二次大戦でのソ連の死者数は長く二〇〇〇万人とされていたが、近年研究が進み、二六〇〇万人あるいは二七〇〇万人と訂正された。(『ロシア史』和田春樹編。山川出版)。ドイツでは二七〇〇万人を採用している。

ナチ占領下のソ連(欧州地帯)では、一七一〇の市、町ならびに七万以上の村落が破壊された。またソ連全体の工業生産高の三三パーセント、穀物生産の三八パーセント、豚の頭数の六〇パーセント、牛の三八パーセントが失われた。——戦後残されたのは、破壊された市と工場、農家だけでなく人も家畜も消えた村だった(『ロシアの20世紀』東洋書店。稲子恒夫編著)。

第三章　ナショナリズムについて語ろう
――西ドイツ人の場合

ちょっと電話をかして。

いいよ。でもどこにするの。

ＮＰＤ。

え！

と友人の身が引く。その様子を見ながら私はいった。

だめ？

うーん。ＮＰＤに電話すればうちの電話番号が憲法擁護庁に登録されちゃうな。まあ、いいや。でも、絶対に連絡先にうちの番号は使わないでね。

〇八年二月十三日、わたしはザクセン州の州都ドレスデンにいた。同州のＮＰＤ（国家民主党）広報課の話を聞くためだ。

ドレスデン。人口約五〇万五〇〇〇人（〇七年九月三十日現在）。面積は三二八平方キロメートル。

名古屋市（〇七年）とほぼ同じぐらいの大きさだ。私は東ドイツ時代に一度、〇四年に一度、そして今回で三度目の訪問になる。東ドイツ時代のこの街は、観光都市とは名ばかりの煤けたきたない所という印象だった。街の中心に位置する聖母教会は、ドレスデン大空襲（四五年二月十三日）で破壊されたほぼそのままの状態で放置されていた。

このドレスデンという街は、東ドイツ時代〝無知の谷〟と人びとから揶揄されていた所でもある。冷戦時代の東ドイツ。人びとは西ドイツのテレビ番組を見ていたが、このドレスデン一帯は電波の関係で西の番組が受信できない。そこで人は彼らを「無知」とからかう。しかしそのためか、この街は当時から数々の文化行事が頻繁に催されていた。美術館・博物館の訪問等々……。

朝早く街に着いたわたしは約束の時間までの数時間を街の散策に費やした。面目を一新した街には観光客の姿もちらほら見える。〇四年に再建された聖母教会に行ってみる。一〇時の開門とともに教会の前で待っていた数十人の人びとと共に私も中に入った。

この日は、六三年前の空襲の犠牲者を弔うために多くの行事が街では企画されている。NPDによる犠牲者の追悼と米英軍の非道を訴えるデモも企画されており、そのデモに反対するデモもありで、不測の事態に備え多くの警官が街中に配置されていた。

この日、わたしはこの追悼者記念の催し物にもぜひ参加したいと思っていた。

ところで、なぜ犠牲者を追悼し米英軍の非道を訴えるデモに人びとは反対するのか。それはドイツナショナリズムを巡る核ともなる問題だ。まず、NPDや彼らに近い考え方をする人びととのインタヴューをとおしてその核心に迫ってみたい。

ＮＰＤザクセン州広報課のＡ＝シュトアー氏を議員会館に訪ねた。同党は〇四年の州議会選挙で十二人の当選議員（総議席一二一議席）を出した。のちに四人が離党。氏によると、うち三人が憲法擁護庁によって「買収され」たとのことだ。議席数により事務所面積が割り当てられ同党の事務所は三階の袋小路になった所にあった。渡り廊下の両側に幾つもの部屋がある。わたしたちは一番奥にある休憩場で話をした。

珈琲でもいかがです、との氏の言葉に応じ、五〇代後半ぐらいの女性が珈琲を運んできた。彼女は私に顔をそむけるようにして珈琲を私の前に置く。

ああ、東ドイツ人だな……とその様子を見ながら思った。西ドイツ人ならこのような稚拙な対応はしないはずだ。

西ベルリン出身のシュトアー氏（一九六八年生まれ）は、子どもの頃から政治に興味を持ち反ファシズムの人びとの本を読むうちに、逆にＮＰＤの主張に共鳴するようになる。一八歳のときに同党の青年団――若き国家民主団――に加入する。

冷戦時代、氏は月に二回の割合で東ドイツの親戚を東ベルリン近郊の町に訪ねる。そのときの印象を氏は次のように語る。

「ＤＤＲ（東独）こそ本当のドイツだと実感しましたね。子どもでしたからはっきりとは意識化できませんでしたが。西は個人主義だがＤＤＲには強い連帯意識が人びとにあった。彼らはまた〝ドイツ人であることに対するノイローゼ〟から解放されている。西ドイツでは（ナチ犯罪の）罪悪を担うことを誇りに思う、という文化がある。西ドイツはドイツを失っていた。しかしＤＤＲでは共産党の人びとでさえ自然にドイツ人でした」

再統一により中部ドイツ人の精神に大きな変化が起こる（ＮＰＤは東ドイツという言葉を遣わない。彼らにとって東ドイツとはかつての東プロイセン（現在のポーランド領）などを指し、いわゆる東ドイツは中部ドイツとする）。ドイツ再統一前後から、外国人への襲撃事件が頻発する。ゾーリンゲンで起きたトルコ人一家焼殺（九三年五月）などだ。国中に犠牲者を悼むロウソクデモが起こり、大衆報道機関でも〝わたしの友人は外国人〟などの情宣活動が起こる。

「ドイツ人はドイツを憎んでいる。この自己憎悪が、外国人に対する過剰な〝愛〟に転化していく。〝外国人は社会に貢献している〟とかね。それはすべてドイツ人の自虐性からくるのです。ドイツ統一によって大ドイツが復活したということで、この自己憎悪はさらに膨れ上がり、それが多文化主義につながっていったのです」

―今日、二月十三日はドレスデン空襲の日でもありますが。

「午前中に、わが党で空襲による被害者のための追悼会を催します。あなたもよかったらどうぞ参加してください。このような催し物にＣＤＵ（キリスト教民主同盟）の政治家たちが参加するようになったのはＮＰＤの影響です。彼らはこれらの催事をＮＰＤの専権事項にしてはおけないと、始めたのです」

―ドイツの歴史教育のどこに問題があるのですか。

「この国では、正典《ドイツ史》というものがある。それによるとドイツ人はすべて悪いとされる。

〝集団の罪〟とは彼らもいっていません。〝責任〟といっている。でも同じことです。」

—では、どういう対策を考えているのですか。

「これは権力の問題ですね。CDUから左翼党まで、われわれを敵視しているのだから。かれらには本質的な違いはない。しかしNPDは本質的に異なるのです。だから公の場での発言が封じられる。メディアに登場するのは彼らのお眼鏡にかなった人だけなんです」

—つまり、ドイツでは国是に異議を申し立てることができない。だから、あなた方が自分で発信していくというわけですね。

「そのとおり。おっしゃるとおりです」

—西ドイツと中部ドイツで「国家」に対する受け止め方の違いを見ますか。

「西の保守層はブルジョア的で憲法愛国主義を唱えることで自己正当化する。自分たちはナチではないとね。ナチはNPDで、彼らは第三帝国の復活を求めているとか、——まったく馬鹿馬鹿しい。(〝右翼〟ということで受けるであろう非難をかわすために)NPDをナチに仕立てている。避雷針のように、自分たちはナチではないと」

「東ドイツ人は、体制を絶対的なものとは思わない。あれよあれよという間に、ベルリンの壁が崩れ国がなくなったわけですから。ここが西ドイツ人とは決定的に違う。我われは戦うことも辞さない。いま、ヨーロッパ、西ヨーロッパは危機に瀕している。大都市では子どもの六〇～七〇パーセントが外国人、あるいは移民の子です。これはたいへんなことだ。私は第二次大戦を上回る危機が訪れていると思いますね」

EUによって国境の垣根が取り払われていく現状にも氏は危機感を隠さない。

「EUの性格を変えたいと考えています。いまは（EU議会のある）ブルュッセルがすべてを決める。ザクセンあるいは他州でもそうでしょうが、八四パーセントの案件がブルュッセルから送られてくるのです。それが州の法案として実現されていく。自治を飛び越えブルュッセルによる支配が進む。政治が口を出す余地がなくなってきた。国レベルでもやがてそうなっていくでしょう」

インタヴュー後、私はシュトアー氏に伴われてまたあの長い廊下を歩いた。新聞・雑誌等の置かれている棚がある。ふと、目をやると左翼党の機関紙が数紙置いてある。お！　と驚く私に、氏は「敵を研究しなければなりませんからね。私たちのほうこそ彼らよりはるかに柔軟なんですよ（笑い）」。

廊下を歩きながら、もしこの長さが今後何倍にもなることがあるとすれば、それはドイツに質的な変化が起きたときに違いない、とわたしは思った。

「わたしは趣味で盆栽をしているんですよ」との氏の言葉に見送られ、わたしは再び市内の中心部に向かった。


四五年二月十三日、ドレスデンから数十キロ手前にソ連軍が迫る。

商工業の発達したドレスデン一帯がソ連軍に利用されないように、また米英軍の力を誇示するために戦略的には無意味といわれる大空爆を米英軍は断行した。約三万五〇〇〇人の人が殺され、街は灰塵と帰した。

夜、聖母教会の前で空襲の犠牲者を悼む式典が催された。教会の前に舞台が設置され、偉い人たちが登壇し、短い演説をし去っていく。歌も歌われた。

やがて教会の時計台が九時四五分をさした。いっせいに市内にある教会の鐘楼の鐘が打ち鳴らされる。目の前の聖母教会の鐘からもガラン、ガランと大きな音が打ち出される。六三年前のこの日、この時間、ラジオはドレスデンに爆撃機の大編隊が迫りつつあることを知らせた。そして一〇時に最初の爆弾が街に炸裂した……。

わたしは、ドレスデン空襲から一月後の三月十日の東京大空襲を連想した。このときは一〇万人が殺された。ドレスデンに比べ三倍だ。米軍もアジア人相手なら良心の呵責もなく事を実行したのだろう。

ガラン、ガラン、と鐘は鳴りつづける。空襲警報が伝えられた九時四五分から最初の爆弾投下の一〇時までの十五分間鳴りつづける。その鐘の音は怒りというより、怒りになる前の感情、不安や恐怖というものを私の中に呼び起こした。ああ、どうしよう、なにをしようというのか……。あの日、人びとも逃げ回っていたろう。見上げる教会の鐘楼がぷくんとすこし膨らんだように感じた。どうしてそんなことをするの、なぜ、という声が頭の中で響く。このときわたしは、死者を区別しなくなっていた——。

トルコ人たち

ドイツの人口は約八二〇〇万人（〇七年）。うち七〇〇万人が外国人だ。ドイツは移民国家である。

しかし、政府は頑としてそれを認めない。一九九九年のSPD（社会民主党）・緑の党の連合政権が提出した二重国籍法は、この国が、移民国家である事実を認めようとするものでもあった。CDUをはじめ保守層による猛反対が起こった。かれらは五〇〇万人の反対署名を集め政府原案を葬り去った。しかし、それで七〇〇万人の外国人が消えたわけではない。ドイツは移民国家だ。事実としてそうだ。ベルリン、クロイツベルク地区は多くのトルコ人が住むことで知られる。査証《ビザ》なしでトルコ旅行ができる、と冗句《ジョーク》を飛ばすドイツ人もいる。およそ七〇〇万の外国人の内最大の集団はトルコ人約二〇〇万人だ。またドイツに帰化したトルコ人も少なくない[注1]〔ドイツ在住外国人六七〇万人のうちトルコ人は一七〇万人、つぎにイタリア人五二万人、ポーランド人三八万人とつづく（〇七年）〕。

一九六一年、ベルリンの壁構築によって東ドイツからの労働力供給を断たれた西ドイツはたちまち労働力不足に陥った。そのため同時期にトルコ人やイタリア人の移民労働者の積極的な受け入れが始まる。「当時はどこにいっても歓迎された」とあるトルコ人の年配者は語る。丁度この頃、日本の炭鉱夫四三四人が西ドイツの炭鉱で働くため移住していった（『ドイツで働いた日本人炭鉱労働者』森広正著、法律文化社）。しかし七〇年代の後半になると産業界は人余りになり移民労働者たちは邪魔になっていく。帰国を促す諸政策が採られ、右翼は外国人の脅威を訴える。こうした環境の変化の中、トルコ人などの移民に対する嫌がらせ、差別事件が横行するようになった。そしてドイツ再統一。統一に伴う天文学的な出費、毎年つづく公共料金の値上げ。少しずつ社会から余裕が消えていく。「歓迎されたトルコ人」は、邪魔な外国人に転化した。

一九八九年のベルリンの壁崩壊から九〇年代半ばまでの彼の国の人種差別を体験してきた私にとり、

最近のドイツ、旧東ドイツはずいぶんましになったと思う。九〇年代の後半ぐらいから人びとも落ち着きだしたようだ。でもそれは、当時に比べればの話で、差別がなくなったわけでは全然ない。多くの場合、微妙な差別に形を変えた。

たとえば、ある安売り量販店の勘定場での話。わたしは札で支払う。勘定場の女の子はさっとその札を検知器に入れる。よろしい、いろいろな犯罪が横行する世の中だ。でも、後に続くドイツ人の客の出した札は検知器に入れないのはなぜか。文句をいうのも馬鹿馬鹿しい微妙なやつだ。東ドイツ人は〝進歩〟したが実態はさほど変わっていない、というのが私の意見だ。

どこにNPDのシュトアー氏がいう「外国人に対する過剰な愛」があるのだろうか。

しかし、氏のいう、外国人に〝愛〟をしめすドイツ人もいないことはない。むやみに同情する人。わたしも、アジア人＝カワイソウというのか、いたわりを受けることが何回かあった。氏はこのようなドイツ人を指しているのだろうか。

西ベルリン、クロイツベルク。トルコ系住民が特に多い地区として知られている。

外国人善玉論、に反発するドイツ人は少なくない。友人のドイツ人も氏と同様のことをいう。「外国人だから、それだけで弱くて正しいと考えるドイツ人がいるけれど、まったく馬鹿馬鹿しいと思うわ」。彼女はNPDとは無縁の人だ。

私の経験や統計資料はシュトアー氏らの意見を否定するが実態はどうか。

国内の外国人問題は、ナショナリズムと切っても切れない関係だ。外国人の目から見たドイツナショナリズムについて報告する。

ここではドイツ最大の少数民族であるトルコ人に話をきこう。エミネ＝ジャンさん。私の友人のお姉さんでもある。一九七四年、トルコ生まれのジャンさんは一時父親の仕事の関係でドイツで生活、その後再びトルコに戻り学校を終え、またドイツにくる。ベルリン自由大学で教育社会学を専攻、〇二年から西ベルリンの〈反差別ネットワーク・ベルリン〉協会で働く。

クロイツベルクにある、その〈反差別ネットワーク・ベルリン〉を訪れたのは〇八年四月だった。同協会は一九七五年、〈婦人の日〉である三月八日に設立された。職員はジャンさんともう一人のトルコ人女性。仕事は移民の女性たち、とくにトルコやアゼルバイジャン、ブルガリアなどから来たトルコ人女性やアラブ人女性を助けることだ。たとえば、役所に出す申請書の書き方、教育、離婚等々の手助けだ。

一〇年前には考えられなかった問題が移民たちに起こっている、とジャンさん。

「移民一世は、生活を切り詰めお金を貯めて帰国ということで、このような問題はなかった。昔は住宅もひどかったしね。いまは生活水準もまったく違う。物価高になってそのくせ給料は上がらない。そこで多くの人が〝独立〟を考える。とくに女性たちは、夫の借金に自分の名義を貸すのでたいへんなことになる。これはよく起こることです」

――差別についてはどうですか。

「ここクロイツベルクでは露骨な差別はありません。マルツァーンやリヒテンベルク（いずれも東地帯）のようなことはない。でも、生活上の差別が絶えなくて。役所でもほかの人に比べひどい扱いを受けるとしじゅう聞く。労働市場でも排除される。この仕事は、移民につかせるようにと役所のほうからわざわざ通達がいっているのに、それでも採用しない」

—なぜ。反イスラーム感情ですか。

「ええ、そうでしょう。イスラーム圏からの移民は何の技術や資格もないという。それではと、資格を持っている人を送っても受け入れない。資格云々は断るための口実にすぎない。移民の母国での資格を認定しないし。これも差別の一種でしょう」

—再統一前後の様子についてですが。

「ちょっとその前にもう一言。一番大きな差別は住居ですね」

—名前を言ったとたんに断られる。

「そう、（ドイツ語の）発音も違うしね。申し込んでも無駄ですよと、わたしは言われた。どっちにせよ家主はあなたを望まない、とね。多くの移民はベルリン生まれで言葉は問題ない。でも、書類を出すとはねられる。知人の夫婦は双方とも働いていて、収入も悪くないのに見学の段階で断られた」

—発音が違う、といっても英語訛なら問題ないでしょう。

「そのとおり。これは学校でもそう。第三世界から来た子どもたちには〝家でもドイツ語を話しなさい〟といわれる。ところが、フランスやイギリスから来た子は、二言語使いということで持ち上げられる。同じことでも出身国でまったく異なる評価がなされる。トルコ語やアラビア語は、〝そんな

言葉何になる〟とされ、ヨーロッパ語は〝国際化の時代ですから
ね〟と高く評価される」

―ヨーロッパ語でも、ロシア語やポーランド語は尊重されないでしょう。

「それは、そう」

―もう一度、再統一前後のドイツについて。

「統一前の西ベルリンでは人種差別はほとんど感じなかった。でも住居差別は当時からあった。昔は移民たちも仕事を持ち社会保障は必要とせず役所との関りもなかった。いまは失業者の半分が外国人で、とくに女性はひときわ多い。社会保障受給のために役所と接触、役所に首根っこを抑えられるようになる。以前は、移民はドイツ復興に貢献したとされ、いまは〝寄生虫〟扱いね」

賭け屋。西ベルリン、ノイエケルン地区。

統一後、首都がボンからベルリンに遷都したため、西ベルリンにあった工場が移転し仕事場が失われた。移民たちの長期失業が始まる。街中に賭け屋がどんどんつくられた。

「多くの移民の女性たちが、父親、夫、あるいは息子が〝賭け事に狂っている〟と報告する。これも以前はなかった」

「外国人に対する感情は悪くなった。ピザテストでも、ドイツの成績が下位なのは移民の子どもたちが足を引っ張るせいだと(注2)」

二言語を操るのは結構なことと思われがちだが気を付けなければならないともいわれる。まず、母語をおさえた上で他の言語を学ばないと母語もドイツ語も中途半端になるからだ。移民の家庭にはドイツ語の本もないし、親自身、ドイツでの学校の経験もなく子どもの勉強を見てやることもできない。ドイツ生まれの移民の子どもたちは、なるほど流暢にドイツ語を話しているようにみえるが、文化資本という面において立ち遅れは否めない。あるドイツ人の教師はこれら移民の子どもたちを「現代の文盲」と呼ぶ。彼女が言うには、彼らはドイツ語がしゃべれても「書けない」。書き取りの試験をすれば惨たんたるものだ。

移民の子どもたちに関するある研究会で、ある発表者がこのような子どもにたいし、教師が親に特殊学級行きを薦めたという話を紹介していた。

「一番の問題は子どもたち自身の自信喪失が尋常ではない。（文化資本の有無は）本質的な理由ではない。母語をおさえていれば、他の科目でも成果を挙げることはできるんです。でも、そのための対策は採られない。金がないとドイツ人はいう。それで移民の子のせいで——となる。移民の子どもたちは、移民の子に何ができるといった思いなんです。それはしじゅうきく。子どもたちに自信をつけさせないとだめですね。毎日、自分たちを軽んずる話を聞かされつづけてきているのですから」

ジャンさん自身、子どもたちがいかに自分を卑下しているかを思い知らされる出来事があった。二年前、当時八歳の姪に自分の話をし、〝学校でいい成績をとればあなたも……〟と言ったら、〝信じられない！〟と姪は言った。

〝だって伯母さんはトルコ人でしょう。トルコ人が大学出だなんて信じられない〟。

エミネ＝ジャン氏。

これはドイツに限った話ではないだろう。西欧は長く多文化社会に入っている。そこでは各民族和気藹々とまではいかなくとも、それなりの調和を保ってきた。しかし、その一見、寛容な社会は厳しく互いに仕切られており、移民たちはあくまでも周辺部に留めおかれる。多民族国家のアメリカでも、お飾り的にいくつかの部署で、黒人やラテン系の人間が長になることはあっても、中枢には決して入れない。[注3] 周辺部でおとなしくしている限りは受け入れましょう、というのが多文化社会の実態だ。

—二〇〇一年九月十一日のアメリカでの自爆テロのときはどうでした。

「とにかく目立たないように時間が過ぎ去るのを待っていました。息子は、ドイツ・トルコ・ヨーロッパ学校に通っていて、学校もこの件で配慮してくれ何も問題は起こらなかったけれど。でも、それは例外でしょう」

—ある学校でトルコ人が祈りを捧げる場（この場合イスラーム教）を設けろと要求し、それを認めさせたという。もし断ったらテロの対象にされると学校側が心配して——。

「私はおかしいと思う。学校は公の場でしょう。そこにそういうものをつくるのは正しいと思わない。公私をわけないと。（でも）ドイツでは分けられていない。そこら中に十字架はあるし宗教の授業もある。だいたい国が教会に代わって教会税を徴収するなんて。ドイツ自身が政教分離していない。

それで、人には学校に宗教を持ち込むと非難する。まったく分裂した意見です」

—トルコ人は〝客〟なのだから、慎ましくしていろとドイツ人はいうが。

「わたしたちは客ではありません。もう何世代もドイツにいるのですから。ドイツ人は先住権を言い立てる。移民は世界中にあるわけです。オーストラリア、ニュージーランド、アメリカ……。ドイツの（ロシアや米国への）移民の歴史も二、三〇〇年ある。なぜ、この国は移民を締め出すのか」

—ドイツ人はドイツが移民国家であることを望まない。

「そうなんです。血統主義の伝統がありますからね。以前、教員たちが私たちの協会を訪問しました。私たちは自分たちの状況・考えを説明しました。本当に徹底的に。とくに、移民の子どもにとって最重要なのは教育だと訴えたのです。さんざん説明した後に一人の教師がいった。〝なぜ、あなた方の母国にそれを要求しないのですか〟。移民の子といっても、みなドイツ生まれなんですよ。トルコ国籍の子だってせいぜい年に一、二回トルコで休暇を過ごすぐらい。なぜ、その子の教育についてトルコ政府に要求をしなくてはならないのか。どうしてそんな発想がうまれるのか。一生懸命説明をして分かってもらえたかと思ったら、これですからね。でも、外国、たとえばフランスからの団体とは実のある議論ができる。彼らも移民問題を抱えていますから。ドイツ人の団体とはそれができない。彼らの移民たちに対する偏見や嫌悪に対し、わたしたちはつねに自分たちの立場を弁護するだけに終始してしまいますから」

—アラブ人やトルコ人の女の子たちは、親からいわれ頭巾を被るが、服装は体の線が出るようななかなか大胆ないでたちをするときききますが。

「それはあるわね。両親に言われることと化粧したり流行の服を着たりで矛盾が起こる。ここでの生活の差が表れている」

――今日はありがとうございました。

ヨーロッパ中心主義

出身国の習慣とドイツでの習慣が移民たちの各家庭でぶつかる。どちらが正しいのか、あるいはそういう質問自体成り立つのか。子どもにとり自分あるいは親の出身国が高い評価を受けている場合問題は少ないが、そうでないとたいへんだ。とくに〇一年以来イスラーム圏出身者にたいしては猛烈な反感がある。〝トルコ人の父親は娘がドイツ人の友達を持つことを禁じている〟といった類の話は山ほどきく。欧米人が疲れを知らぬ熱心さでイスラーム文化の野蛮さを連日取りあげているいま、「頭巾」は社会の嘲笑を浴びつづける（特にドイツの場合、高まる反イスラエル感情を潰すためにもイスラームの野蛮振りを強調しているように思える）。

イスラーム圏を含め第三世界には先進国が工業化以前に体験したような剝き出しの人権侵害があることは事実だ。西欧人がそれを非難することが、即ヨーロッパ中心主義・人種差別だと決めつけることはできない。しかし、すこし深く物を考えれば、この地域は非工業化地帯で旧態依然とした社会構造が色濃く残る所だ。工業化の有無が社会では決定的な意味を持つのは周知のとおりである。

明治維新政府が身分制を廃止したのは人権思想に照らしてではなくそれが国の工業化を阻害すると

判断したからだ。工業化をはじめれば、社会の合理化がはかられ近代化せざるをえない。では、これら諸地域の工業化を阻む原因はどこにあるのか。

　欧米の植民地支配によりモノカルチャー（単一栽培）経済にされ、さらに先進国は安い農産物や工業製品を輸出し地元の農業と地場産業を壊滅させる。こうして独り立ちできないようにして地元の権力を傀儡化し資本を投入して高金利を科し資源を持ち去るのはいったい誰か。勝手に国境線を引き、「民族」をつくり対立を煽ってきたのはいったい誰か。現在の世界で継続中の大問題のうち、植民地主義時代を因としていないものをみつけるのはなかなか難しいだろう。「人のせいにする」のではない、「彼らのせい」だ。

　一方で、旧態依然たる社会構造を温存させそれをフル活用し、またその一方でその社会の後進性を嘲って倦まない人びと。鼻に皺を寄せイスラームを嘲笑する欧米人たちの姿——まあ、日本にもそういう人はいるが。もっとも日本人の場合、鼻の容積上皺を寄せるのは無理かもしれないけど——は、あまりほめられたものではない。

　それほど、他国の人権侵害に心を痛めるのなら、良識派の人びとは先進国による第三世界に対する〝援助〟をやめさせることだ。援助の名の元に港湾施設や道路をつくる。それを利用するのは、援助国だ。援助は天災などの緊急以外よほど気をつけないと、相手国の収奪の準備に使われるだけになってしまう。

　彼の地域で工業化が始まれば、人びとは徐々に購買力をつけていくだろう。金儲けには目のない先進国の財界人たちにとっても悪い話ではない。そして、その段階になれば先進国は工業化にともなう巨大な負の面――環境破壊や人間の疎外化――に対し、この地域に技術・自然科学と人文・社会科学の両面で貢献できる。さらにいえば、彼らが先進国と同じ失敗を経ず、かつ工業化が達成できたとしたら、先進国の人間はそこから学ぶことができるのではないか。きれいごと、と思う人がいるかも知れないが、いまの〈強欲資本主義〉を、これからも続けていけると考えるほうが現実的だとでもいうのだろうか。

ドイツを含め欧米社会は、彼らの収奪の結果としての第三世界から恒常的にその倫理性や道徳を疑う声に苛立っている。日本人だって！　とこの話題になると感情的になる彼らの反応にこの話題そのものに対する苛立ちを感じる。植民地支配を〝白人の義務〟と称し野蛮人たちを啓蒙するための善なる行いとぬけぬけということはもうできない〔たとえばアヘン戦争の意義を英国側首席通訳官ジョン＝モリソンは、中華思想による傲慢無礼な態度を「叩きのめし、親切にも真の文明を教えてやるのだ」と語った。（高橋誠『神奈川新聞』〇八年十二月二十七日付）〕。欧米人たちは謝ってはいる。(注4) しかし、と彼らはいう。植民地支配は数百年前の出来事、ヨーロッパ人に協力した現地人だっていた。ヨーロッパ人だけにその責を負わせるのは不当だ。しかしそれは、植民地支配に関してヨーロッパ人以外の悪党を現地採用したという知見が加わることであっても、欧州植民地主義者が主役をつとめた鬼畜の所業の弁明にはならないだろう。

第三世界で起こるテロは新旧植民地主義に対する現地の人びとの当然の反応とは考えず、わけのわからない宗教の虜になった野蛮人たちの犯罪と彼らは考える。この第三世界の動きの影響は英仏ほどではないにしろ西欧社会の一員であるドイツにとっても無縁ではない。

ドイツ人はまず、国内における民族意識形成――それは、戦後旧ドイツ領からドイツ本国に追放されてきたドイツ人（敗戦の結果）、そして東西ドイツ人（冷戦の結果）、国内在住の外国人との関係で説明される（高度経済成長の結果）。つぎに、隣国における反応――対ロシア・東欧関係と対米・西欧関係から育まれる民族意識。最後に、パレスチナ・イスラエル問題も深く作用する。この横軸に植民地時代から現代までの時間軸を縦軸としてナショナリズムがつくられていく。

東西合作ナショナリズム――〈記憶の場〉協会

〇六年夏、西ドイツのフランクフルトの友人を訪ねたときだった。ちょうどその頃、地方議会選挙があり、街中には各政党の看板が電信柱などに括られていた。そのなかで、NPDの看板だけがひときわ高い場所に括り付けられている。友人が言うには低い位置に設置すれば、たちまち人びとによって引きちぎられてしまうからとのことだ。

西ドイツ人のナショナリズムを取材するのは西ドイツでは難しい。とっかかりがないのだ。東のようにネオナチが暴れまわることも少ないし、第一、NPDの基盤が固まっていない。ナショナリズムの問題をNPDに特化できないが、そこを突破口にはできる。しかし、西ではまだ無理だろう。西ドイツ人のナショナリズムを探ろうと思えば西ではなく東が最適だ。「西ではできないことを東でやる」のだから。

一九八九年十一月のベルリンの壁崩壊以後、西の名だたる極右が陸続として東にやってきた。かれらは東地帯を彼らのいう〝民族解放地区〟とすることに総力をあげ、ネオナチの闊歩する「極右の巣窟」がつくられている。

「極右の巣窟」とは何なんだろう。私の取材はまずそれを取材することからはじまった。

ライプチヒから電車でおよそ五〇分のところにボルナという人口約一万八〇〇〇人（〇七年）の町がある。敷地一万五〇〇〇平方メートル、三階建ての建物で老朽化したこの施設が買い取られたのは二〇〇五年の春だ。買い取ったのは西ドイツ人で建築家のリーマー氏と、その妻である。九万九〇〇〇ユーロ（約一六〇〇万円）の格安価格だ。この建物は露系ドイツ人のために使われるというのが買い取りの主旨だった。町長をはじめ町側も大変乗り気で協力を惜しまなかった。そしてここがいま「右翼の巣窟」になっている――。

事の発端はこうだった。

二〇〇五年十一月、ザクセン州議会議員のカスティン＝コーデイツ氏（左翼党）の助手を務めるホルクマー＝ボルク氏はオーストリアの極右新聞〈エカート〉につぎのような記事を見つけた。

ライプチヒ南の町ボルナに〈記憶の場〉協会念願の記念碑建立へ――。

おや、と思って調べていくうちに、この協会の代表を務めるのがウルゾラ＝ハーヴァベック夫人（一九二八年生まれ）であることを知り言葉を失った。

彼女は、憲法擁護庁にその動向が監視されている「ウルトラ・ナチ」で、民族憎悪を煽った罪で何度も逮捕されている（例えば〇四年六月、彼女は自身が主催するコレギウュム・ヒューマンの同人誌〈良心の声〉紙にホロコーストはなかったと書き、五四〇〇ユーロ（約一〇〇万円）の罰金――あるいは一八〇日間の拘留――刑に処せられている。また〇五年にもユダヤ人虐殺は六〇〇万人ではなく、五〇万人に過ぎないと書き告訴されている）。彼女の夫ヴェルナー＝ハーヴァベック氏（一九九九年逝去）はヒトラー配下の〈民族性と故郷〉帝国連盟の課長を務め、戦後は環境人種主義――民族は土地と空間によって育まれ、混血の脅威を訴える――を唱え一九六三年に妻とともにコレギウム・ヒューマンという団体を立ち上げた。その団体には西ドイツでその名を馳せた錚々たる「ナチ」が出入りしている（たとえば、元「赤軍派」の一員で、後に転向した弁護士のホースト＝マーラー氏など）。

そのハーヴァベック夫人により一九九二年〈記憶の場〉協会が立ち上げられた。協会の主旨は先の大戦で亡くなったドイツ人を悼むというものだ。「あくまでもドイツ人の一般市民被害者だけで、ナチ犯罪の被害にあった外国人は除く」（日刊紙・ターゲスツァイトンク・ボルナ版〇七年六月十九日付）。

コーデイツ氏（左翼党）の事務所でボルク氏に詳しい話をうかがった。

同氏は現在（〇七年十一月）五五歳、西ドイツ、ニーダーザクセンの出身だ。

「いったい、露系ドイツ人はどこにいったんですか」と私はボルク氏の説明をききながらいった。

――露系ドイツ人は口実に使われただけ？

「まったくそのとおり。ザクセンには多くの露系ドイツ人がいるから行政側も彼らのために施設がつくられると歓迎した。ただ、露系ドイツ人の中にはＮＰＤ（国家民主党）とつながる人もいますが」

その後、協会について調べをすすめていくとハイヨ＝ヘルマン氏、（注５）建設会社を経営するグンター＝キイセル氏――両氏とも法的あるいは財政面でＮＰＤの援助を行い、西ドイツ時代からその動向が当局より注目されている——等々……右翼の大物が続々とあらわれる。

〈記憶の場〉協会の現地責任者には西ドイツ・ヘッセン州出身のペーター＝ヒルドという人物が就任している。ヒルド氏はかつてCDU（キリスト教民主同盟）の連邦議員マルティン＝ホーマン氏のもとで助手として働いていた。そしてこのホーマンなる人物は以前、ドイツ統一記念日での講演で反ユダヤ主義発言をし戦後CDU議員で初の党除名処分をうけている（〇三年十一月十四日）。また、軍事史家でもあるヒルド氏はHIAG《ヒアック》とよばれる元SS隊員の親睦団体から一九九八年に表彰され、同団体の同人誌にもしばしば寄稿している。

〈記憶の場〉協会は、ボルナの地に先の大戦のドイツ人犠牲者を古代ゲルマンの祭式に則って祀る施設を準備している。高さ十二メートルのメタル性の十字架を敷地内に建てるものだ。ちなみにこの十字架の製造に当たったのは町長の妻が経営する会社だ。

ボルク氏が以上のことを公表すると大きな反響が起こった。大衆報道機関も注目する。市民団体が抗議のデモを同協会にかけた。協会の建設計画に待ったがかかる。すでにつくられた十字架も設置する許可は当分下りない。

——建設許可が下りる可能性は？

「五分五分ですね。協会側も法廷闘争に訴えている。ヒルド氏も新聞に投書したりね。左翼党は建物の概観における彼らの企ては止めている。しかし建物内のことは……。彼らはよく講演会や朗読会を催しています。極右の集会所の体を擁している」

——わたしが見学することは。

「それは無理ですね。まあ、あなたの祖父が神風で——といったことなら別かもしれないが。彼らにいわせるとあなたはアジア人で下等だ。もちろん日本人ということで下等の中では上位に属するのでしょうけれど」

氏は笑った。

「NPDのザクセン州議員団は、アメリカにおけるイラク人捕虜虐待についてのフィルムを作成し販売している。アメリカが民主主義やナチを云々する資格があるのか、ということです。このフィルム作成にはライプチヒ大学の講師も一枚嚙んでいる。また、リザ（ドレスデン近郊の町）に出版社をつくった。ザクセンに根を張り出している」

（その講師は〇七年十一月に大学を解雇された。NPDの集会に参加したため）。

——東ドイツ人は組織化されるのに馴れてますしね。

「それはそう（笑い）。東ドイツ人たちは明るい将来像も持てないしね」

来月（十二月）にはポーランドやチェコなどがシェンゲン協定に参加する。つまり国境での検査が無くなる。国境付近のドイツ人たちは貧しい東ヨーロッパから犯罪者集団が押し寄せてくると不安を募らせる。（注6）NPDもこの機を逃さない。

ザクセンのNPDのシュトアー氏には、まずベルリンのNPD広報課のバイヤー氏経由でインタヴューをした。シュトアー氏は西ベルリンの出身、バイヤー氏はフランクフルト出身、そしてボルク氏はニーダーザクセン出身、またボルナの〈記憶の場〉協会のペーター＝ヒルド氏もヘッセン出身で四人とも西ドイツ人だ（NPDザクセン州議員団長のホルガ＝アッペル氏を含め三人の議員が西ドイツ出身）。

これは偶然ではないだろう。

―西ドイツでは民族感情が抑えられその反発がいま吹き出しているのでは。

「西ドイツではけして民族感情は抑えられてなどいません。それは〝ナチ〟ではないが。六〇年代、街の広告塔に〝決して三分割は許さない〟とありましたよ。それは政策としての民族主義でした」

〝ドイツは西ドイツよりも大きい〟。

冷戦時代に西で生まれた言葉だ。東ドイツは西ドイツの一部だという政治的な主張だ。この言葉をＢｄＶの人びとが使えばその政治性は最高度に達する。それは戦争で失われた東部ドイツ領（いわゆる東ドイツ）の返還も含むからだ。ボルク氏のいう「外国（ポーランド）に領土返還を求めている」西ドイツで民族感情が抑えられていたというのは「間違いです」。

「私の父方は東プロイセン、母方はシュレージェン出身です（ともに現ポーランド領）。両親ともＢｄＶの会員でした。六〇年代ぐらいまで。わたしはＢｄＶの常套文句を覚えています。〝われわれが最初に東欧に文明を運んできた〟と。ポーランド人は下等人種で〝ポラッケン〟と言われ蔑まれた。ＢｄＶ出身の連邦議員も多かったし。ウィリー＝ブラントのワルシャワゲットーでの跪く姿に彼らは激怒していた。ブラントは国賊よばわりされた」

西ドイツの非ナチ化は〝六八年世代〟と呼ばれる人びとの登場まではなかなか進まなかった。社会の中枢に元ナチ党員やＢｄＶの会員がいた。

「わたしの高校のドイツ語と歴史の先生はＢｄＶの会員、フランス語の教師は元ナチ党の幹部でした。わたしたちはナショナリズムのなかにどっぷり浸っていたのです」

戦後世代が社会に進出するにつれ西ドイツではナチ時代を正面切って取り上げようという機運が盛り上がってきた。六八年世代と呼ばれる人たちが中心になりナチのユダヤ人への犯罪行為が明らかにされていく。彼らは問うた――

ナチ時代、あなたはナチ犯罪を知らなかったのか。もしそうなら愚か者だ。知っていて何もしなかったのか。もしそうなら臆病者だ。知っていて加担したのか。もしそうなら犯罪者だ。さあ、あなたはどれですか。

現在見られるドイツ政府のユダヤ人大虐殺ホロコーストに対する深い反省――それを国是にまでした――は、六八年世代を中心とする人びとの大奮闘の結果だ。(注7)しかし、そこまでだ。ロシア・東欧に対する犯罪まではできなかった。友人のドイツ人に、なぜそれをしないのかと問うたことがある。

「もう勘弁して」と彼女はいった。

――ユダヤ人に対するのとロシア人やポーランド人に対するのとは違う。

「そのとおり。二つの計りがある。西ドイツ人にとってロシア・東欧に対する犯罪を認識するのはユダヤ人に対するのよりはるかに時間がかかった。いまでもほとんどない。私の父は七九歳です。戦争末期に兵隊に取られた。十六歳でした。三年間、ソ連の捕虜収容所で過ごした。父はよく言ったものです。〝捕虜生活はそれはたいへんだったけれど、食事はつねにロシア人と同様の物を与えられドイツ人ゆえにひどい扱いはなかった。ドイツ人は計り知れないことをソ連でした。ドイツ人定住のために一地帯丸ごと消滅させ、パルチザンの出没地は焼き払い……。強かんも大発生したよ〟と。ドイツではそういうことは話さない」

――話さないどころか逆のことを。

「そのとおり」

六〇〇万人の死者を出し戦争の被害者でもあったドイツ人たち。しかし、それを語ることを長く封じられてきた冷戦時代。西ドイツの保守層に許されたのはソ連・東欧の人びとへの糾弾だけだった。ユダヤ人にはさんざん謝されてきたウサを晴らすかのようにソ連・東欧に対しては一歩も引かんぞといわんばかりだ。

冷戦終結後、やっと米英軍のドイツ諸都市への絨毯爆撃の非人道性（たとえばドレスデン）についても語られるようになる。ボルナの記念碑建立計画もこの雰囲気の延長線上にある。

当のボルナの〈記憶の場〉協会を訪ねて話をきこうと私は思った。ボルク氏は「無理でしょう」と言ったが、案外簡単に事は運んだ。ヒルド氏に電話をいれるとたいへん友好的で「喜んでお話します」とのことだった。これは追々わかってきたのだが、「極右」といわれる人たちは非常に発言したがっている。ドイツのメディアではほぼ黙殺されているので外国人にでも自分たちの考えを伝えたいと……。

わたしの友人の一人がボルナ出身だ。小中学校を同町で過ごした彼は、ひとに出身地を尋ねられるとき、「わたしは朝鮮出身です」という。この答えをきいてニヤっと笑うのは同町、あるいはその近郊の出身者だ。戦後、町の再建が進められ町中が建築現場の様相を呈する。その頃朝鮮戦争が勃発した（五〇年～五三年）。町の人びとはこの町の様子と戦争で大混乱に陥る朝鮮半島をかけ「わたしは朝鮮出身です」という冗句《ジョーク》をつくった。

さて、その町を訪れたのは〇八年二月だった。この冬も暖冬だ。駅から〈記憶の場〉協会に向かう途中で警官や機動隊員の姿をちらほら見る。徒歩でおよそ二〇分の所にその協会施設はある。この日は同町でデモが計画されているとのことだ。デモ隊の矛先は〈記憶の場〉協会である。

同協会施設の前にパトカーが一台止まっていた。横目でそれを見ながら、扉をあけ正面玄関に向かった。呼び鈴を押すと五、六人の若者が一斉に出てきた。みな黒い上着で二〇歳前後から半ばまでぐらいの年齢だ。彼らは一様に細身で尖ったその印象はジャコメッティの針金細工の人を想起させた。

〈記憶の場〉協会の建物。

用件を伝えるとどうぞ、とヒルド氏の仕事場に案内された。ハロー（こんにちは）、ヒラノサン、と大柄のヒルド氏はにこやかに手を差し伸べた。

ペーター＝ヒルド氏は一九七一年、ヘッセン州生まれ。大学で歴史学を修める。とくに独ソ関係史を専門とする。その後は、前述したようにCDUの連邦議員の下で助手として働く。〈記憶の場〉協会の専従職員として〇六年七月からこの施設に家族（妻・子）と共に暮らす。氏は長年旧ソ連でドイツ軍兵士の遺骨収集の奉仕活動に取り組んでおり、その功績により九八年には国から表彰された。

仕事部屋は正面玄関のすぐ横にあり二〇平方メートルぐらいの広さか。至る所に書類の山が積まれている。ギクッとしたのは昔の軍人の肖像画が、二、三枚飾られていることだった。しかし、だからといって〝ナチ〟とは限らんだろう、と自分に言い聞かせ部屋を見回すとゲーリング元帥の写真が飾ってあった。

インタヴューに入る前、外がすこし騒がしくなった。氏と共に窓際によって外を窺うと何やら動きがあったらしい。「じつに愚かな人たちだ……」。氏は何度も呟いた。

ヒルド氏とR＝ヘルツォーク大統領。ドイツ軍兵士の遺骨収集で表彰される氏。1997年12月、ボンにて。

二月十三日はドレスデン空襲の日だ。その日は平日であったため、小規模の追悼会しかできず、空襲の非人道性を訴え犠牲者を弔う本格的なデモは週末——つまり今日——に持ち越された。そのデモを主催するのが「極右」で、反対するのが「極左」だ。いま、その「極左」の人びとがこの施設に向かっているとの情報があった。

空襲の犠牲者を弔うのに何の問題があるのか、と日本人の多くは考えるかもしれない。しかし戦争は天災ではない。一国の優秀分子を総動員し準備実行されたものだ。当然加害国と被害国がある。侵略の結果として加害国にも多数の死者が出る。加害国が自国の死者だけを祀るとき、被害国にとっては、加害国が自分たちを逆恨みし復讐を誓っているかのごとき印象をうける。

では、加害国と被害国とは何を持って決めるのか。説得力に富む基準――それは第二次大戦時での国際法でも謳われていた――は、先に手を出したのはどちらか、というものだ（だからこそアメリカは日本に真珠湾攻撃をさせたのだ。これによって彼らが道義上決定的に優位な立場に立ったのは周知のとおりだ）。

ヒルド氏は、〝ドイツが先に手を出した〟について次のように語った。

「ドレスデン大空襲はヒトラーが戦争を始めたその結果だというのは間違いです。ドイツが戦争を始めたのではない。ドイツは独ソ条約に基づきポーランドを分割した。しかし英仏はドイツにだけ宣戦布告をしたんですね」

「ドイツには先の大戦のユダヤ人犠牲者を祀る施設が至る所にある。ユダヤ人だけですね。私たちの国では建国（一九四九年）以来ドイツ人一般市民犠牲者のための記念碑がない。だからわたしたちがそれをつくろうと――」

ペーター＝ヒルド氏。氏の事務室にて。

氏はロシアでの遺骨収集作業をとおしてロシア人やまた旧ソ連から来たユダヤ人たちとの交流も深める。

「わたしにとって他の人たちと一緒に働くことは何の問題もない。ポツダムのユダヤ協会から名誉会員にもされました。二〇〇一年です」

そういって氏はその会員証を示した。

「ある（ドイツの）ジャーナリストにそれを見せたら彼は

目を丸くしていましたよ」

—ユダヤ人との交流はあなたの真の目的を隠すための飾りではないですか。

「いえいえ、馬鹿馬鹿しい……（苦笑）。——隠す必要などないじゃないですか」

—ドイツの歴史教育のどこに問題があるとお考えですか。

「国とは父母を愛することと同じです。たとえ間違いを犯しても父母・国を愛することができるのです。学校ではドイツの悪いことしか教えない。なぜナチやホロコーストしか教えないのか。子どもたちは卑屈になるだけだ。ルター、ゲーテ……なぜ教えないのか」

—しかし日本ではまさにその点が評価されている。ドイツは過去の汚点を直視し偉い、日本は見習わなくてはと。

「まあ、それはそうですが……（苦笑）。でも悪いことを第一番に持ってくることには反対ですね。よいことを一番最初にしなければ。ドイツはナチだけではない」

氏の考えは日本では案外抵抗なく受け入れられるのではないか。「自国の歴史をつとめて暗く描こうとする心理は倒錯だ。日本人として生まれてきた以上、日本の国、社会、共同体に対して愛情、慈しむ心があって欲しい」（住田良能・産経新聞社長。『週刊金曜日』〇五年十二月九日号）。ドイツの「極右」と産経新聞の社長の考えには差がない。

—ドイツ人とは何ですか。

「ドイツ人とは何か。……難しい質問ですね。——わたしはドイツが世界に貢献してきたことを、バッハ、シンケル、カント、ルター、これをドイツと呼びたい。戦争を記憶するのは大切です。しかし、悪いことではなくよいことを顕彰していくことが大事です」

―ドイツ人であるが故に何か不快な思いをしましたか。

「わたしが十五歳のときでした。学校に落書きがあって〝くたばれドイツ〟とあった。とても心を痛めました。夜、学校に戻って〝くたばれ〟を消したんです。するとドイツだけが残った。――外国人からではなくドイツ人から多くの嫌がらせを受けました。兵役に就いていた頃、軍服姿の私に〝ナチ野郎〟とドイツ人から唾を吐きかけられた。また、一九九六年ドレスデンで戦功のあった旧軍人を囲む集いがあったのですが、その集いに反対する愚かなドイツ人が老兵に石を投げつけた。私は他の人たちと一緒にその方の盾になった。その方にいわれました。〝この若者は身を呈して私を守ってくれた〟と。そのときの感動は、大統領から表彰された以上のものでした」

施設の模型。

　インタヴューの後氏の案内で施設を見学した。この施設の模型を前に熱心に将来の計画を語る氏にわたしは思わず言った。あなたはたいへんな情熱を持ってらっしゃる。

　それはそうです！　と氏の目が輝いた。

「正しいことをしているのですから」

　〇八年五月〈記憶の場〉協会で、講演会が催されるとのことでわたしは助手のジョン＝ロペス君（二四歳）を伴って現地に赴いた。

ジョン君はライプチヒ大学で社会学を専攻していたが中退し、いまはアルバイトで生活を送る日々だ（〇八年十月から彼は復学した）。

講演会はソ連軍の捕虜になった父親の運命をその娘が語るというものだった。五、六〇人の人たちが招かれていた。ほとんどが年配者だ。昼食会にわたしたちも招かれた。コレギウム・ヒューマンを主催するウルゾラ＝ハーヴァベック氏やハイヨ＝ヘルマン氏ら大物たちとの同席。コレギウム・ヒューマンは数日前に当局より解散命令が出されたと新聞で読んだが、ハーヴァベック夫人は意気軒昂だった。

彼女は前もって私のことを聞いていたのだろう、初対面の挨拶のときに、「貴方が、日本からのジャーナリストね」といって両手で私の手を握った。なごやかな雰囲気の中昼食会が始まる。十人前後の出席者から、私に質問が飛ぶ。

ハーヴァベック夫人「靖国はどうなっています。（首相は）参拝していますか」

「いいえ、参拝はしていません。もう無理ではないかな」

ハーヴァベック夫人「日本の左翼はどうですか」

（それは残念という風に一同）。

「ほとんど影響力はありませんね」

ハーヴァベック夫人「そう、それはいいことね。では右翼はどうですか」

「右翼ですか。私は彼らをナショナリストとは思いませんね」

え！　というふうに一同は私を見た。

「日本の右翼はつねにアメリカにすりよっているのです。そんなものは、わたしにとってはナショナリストでも何でもない」

あー、とひときわ大きな嘆声が同席の若い女性（三〇代後半？）からあがる。なるほど、というように一同。

「それは悪いわね」と夫人は言い添えた。

（写真上）真中がハーヴァベック夫人。右隣がハイヨ＝ヘルマン氏。（写真下）講演会。

隣り合わせた五〇代半ばぐらいの男性と話す。彼は西ドイツからわざわざこの日駆けつけた。

「私は、ベルリンの大学で学んだのですが、当時は原発反対のデモにも参加したりで。——（しかし、いまは）私は超保守なのです。CDUは同性愛を認めるなどとても保守とは思えない。私のような者にとっては許容しがたい。では他に保守政党があるかといえばない。いきなりNPDとくる。そしてNPDとくれば狂人集団になる」

大きなジレンマだろう。ドイツの政治全般は進歩的だ。やはりヨーロッパのなかに位置することが決定的な意味をもつ。貿易立国のドイツ、輸出入のおよそ三分の二がEU域内でまかなわれる国（○七年）では民族的な政策は取れない。(注8)社会風俗に関してもたとえば同性愛結婚法もまず北欧がその禁忌を破り、それが他の西欧諸国に波及していく。(注9)ドイツがいくら保守性を保ちたいと思っても無理だ。

男性はまた日本の首相の靖国参拝についていった。

「戦争の犠牲者を悼むのは当然です。彼らはただの兵士たちで、上からの命令をきいただけなのですから。責任者ではない」

「でも、靖国にはその責任者が祀られているのです」

「エ！　戦犯が……」。

男性は困惑して黙ってしまった。

ハーヴァベック夫人に話を伺った。彼女はホロコーストを否定した廉で逮捕され、この〈記憶の場〉協会の会長も退く（新会長にはニーダーザクセン出身のW＝シードヴィッツ氏が就任した）。

夫人はこの施設に辿り着くまでの苦労を語った。

「七、八年前、チューリンゲンのある教会所有の土地を買い取る段取りをつけた。ある日、神父が来て〝この施設はドイツ人の犠牲者だけを弔う物ですか〟ときくので、〝ええ、ユダヤ人やロマ人の記念施設はそこら中にある。今度は数百万人に及ぶドイツ人だけの施設をつくりたい〟といったら〝それは、加害者を被害者とするものです。そんなことに協力できない〟と最後の段階になって契約書の署名を拒んだ。この件に丸一年要したのにすべてがおじゃんになった」

助手のジョン君が夫人の人種観について質問する。

彼女の答えは一言でいえば十九世紀のダーヴィニズムと生物学を混ぜたものでとくに目新しいものではなかった。

警備を担当する若者たち。〈記憶の場〉協会にて。

極右をインタヴューするに際してドイツの友人たちは一様に言った。「日本人ならむこうは大歓迎したろう」と。そう、人びとは親切だった。しかし彼らの人種観はそんなやわではない。外国人の流入で混血が起こり民族の危機が迫ると熱を込めて語る夫人にジョン君がきいた。「どの外国人のグループが危険ですか」。彼女はいった。「ポーランド人はまだ許容できる。スラブ人はゲルマンだったが、少々違うぐらいで同じ範疇に入ります。しかし、アジア人や黒人、彼らはまったく異質な人たちですからねー」。それまでの夫人の生き生きとした表情が消え、無機質なひやりとするような横顔に「日本人は大歓迎」は束の間にすぎないことはすぐにわかる。

　この日協会には七、八人の若い男女たちが無料奉仕活動をしていた。ヒルド氏に若者にインタヴューできないか、と頼むと、喜んで、といった。しかし、彼らはあまり「喜

左がシュタイネルさん。右がカイルさん。

んで」いる風ではなかった。氏が重ねて「日本はドイツと一緒に戦った仲じゃないか」というと、二人の青年が応じてくれた。

トニー＝カイルさん一九八八年ボルナ生まれ。現在無職、数カ月後には九カ月間に及ぶ兵役に就く。ペーター＝シュタイネルさん一九八七年ライプチヒ生まれ。現在、機械工。双方とも、「名前を出されても差し支えない」とのことだ。

二人ともこの協会について一年半前に新聞で知り興味を持った。ヒルド氏と話すうちに自分も何か手伝いをしたいと思ったという（Kはカイルさん、Sはシュタイネルさん）。

K「この協会は寄付によって賄われています。国はホロコーストなどの記念碑には金を出すが自国の犠牲者には何もしない。不正義です」

S「いまの体制には賛成できない。金持ちはますます金持ちに、貧乏人はますます貧乏になっていく。――上にいる人が明確に方針を示しそれに従う。独裁が唯一の道です。民主主義のように時間をかけて決め、二年後に実行されるようなものはだめだ」

――ご両親は、DDR（東独）についてどう説明しますか。

S「僕の両親はDDRをすごくよく言っている。失業者もなく心配なく生活できたと」

K「うちも同じ。でも、ふたたびDDRを、とは思っていない」

—いまの状況に不満をもつ人は右か左にいく。あなたがたは右にいった。なぜ。

K「左の世界観は受け入れられない。彼らは人間みな同じというが人はそれぞれ違っている。他の民族を憎むわけでなく各民族が各々の国で自立していければと思う。だから地球の一元化には反対です」

第２次世界大戦のドイツ人の死者を悼む式典。〈記憶の場〉協会の広場にて。

S「左翼の無政府主義で何ができるのか」

—国から左・右に対する対応の違いを見る？

K・S「それは確実にそう。左翼の市民運動は国やアカの政党から資金援助を受けている。ある市民団体はホロコーストに関する展示会を行った。マスコミからもほめられて」

S「しかし、この協会でユダヤ系ドイツ人の犠牲者について催し物をしても無視されるだけ。なぜドイツ市民について取りあげてはいけないのか。それほどひどい国なのです」

—多くの東ドイツ人——中部ドイツ人——が西で働く。ここには仕事がないからですね。

K「これも不正義だ。みんな地元で働きたい。しかし出稼ぎに出ざる負えない。ぼくは故郷で仕事をしたいけど無理だ。

〈記憶の場〉協会。

この現実を変えなければ」

S「かりに（西の）ハンブルクで働いても失業することはありえるし、そうなると（そこでは）僕一人だけ。ここでは失業しても親や友人たちはいるし助けてもらうこともできる」

S「多くの人たちは僕らと同じ考えを持っている。僕の両親も僕の意見の一部については賛成してくれる。でも、みんなそれを公にするのを怖がっている」

K「かれらは仕事を失うのを恐れている。たとえば、われわれがデモを行う。もし、そのデモに参加したことを会社の上司に知られ、〝何？ おまえはナチのデモに参加したって〟とクビになるかもしれない」

S「実際、昨年デモに参加した人が会社に知られクビになった。警備会社の人だった。メディアがそのデモをナチによるものとしたから」

――あなた方にはそのような不安はない？

S「親戚から義絶をくった。手紙が来て、ぼくが考えを改めない限り、今後一切のつきあいは遠慮したいと。その手紙には他の多くの親戚たちの署名も寄せられていた。彼らは化石のような共産主義者だからね。――僕はいまの道を進むだけさ」

K「もし上司が、僕がドイツ人として生きることに反対でクビにするのならかまわない。これは僕の私的なことだから。妥協するつもりはない」

近年、若い世代はナチ犯罪と自分たちをいつまで関連づけるのかと六八年世代につよい嫌悪を示す。彼らが立派過ぎることにも違和感を持つ。社会全体から偽善を感じる。反人種差別を掲げるある女性歌手はテレビで次のような話をした。極右による大事件が起こると普段ははなも引っかけない大メディアが彼女に声をかける。〝うちが後援するから一つコンサートしないか〟と（この伝でいけば、極右犯罪が起きるたびに政治家たちは舌打ちしているだろう。これでまた記念碑を建てなければ、と）。

若者たちはそんな大人たちを見ている。

工業国共通の画一化現象。他人と違うことに対する恐怖。（「他人志向性」、デビット＝リースマン）。そこでは「過去」でさえさして変わらない。そして他人から認められたいという欲求。

〈記憶の場〉協会の新会長W＝シートヴィッツ氏。

ボルナの協会に対する外部からの圧力は強い。しかし、彼らの情熱は本物だ。

右翼の仕事とは過去の美化だ。栄光の時代を囁き、輝く未来の希望を与え、人びとはこの美酒に酔いしれる。それを叩こうと思えば、浪漫的あるいは神秘化しそうな出来事をその都度学問（啓蒙）の光の中に晒していくしかない。

わたしはジョン君と共に庭にでた。さきの若者たちもいた。

一人がちらりと私を見た。まるで、嫌な虫でも見るような一瞥だった。その後、展示を見てまわった。ロシア・東欧からのドイツ人の避難民たちや空襲の被害を伝える絵や写真そして解説文等々。前回の訪問のときに見た絵が今回ないことに気づいた。黄髪（自称「金髪」）のドイツ人の少女をロシア兵四、五人が押さえつけいままさに強かんせんとする絵だ。ロシア兵といったが、兵隊たちは坊主頭の黒髪でアジア人らしかった。なぜ、今回展示から外したのだろう。

さて、以上がドイツにおいて「ナチ」とされる人たちだった。彼らは極端すぎる、一般の保守的といわれる人たちとは違うと思われる方も居られるだろう。では、進歩的過ぎると超保守層から顰蹙を買う普通の保守的な人びとの考えを叩いてみよう。

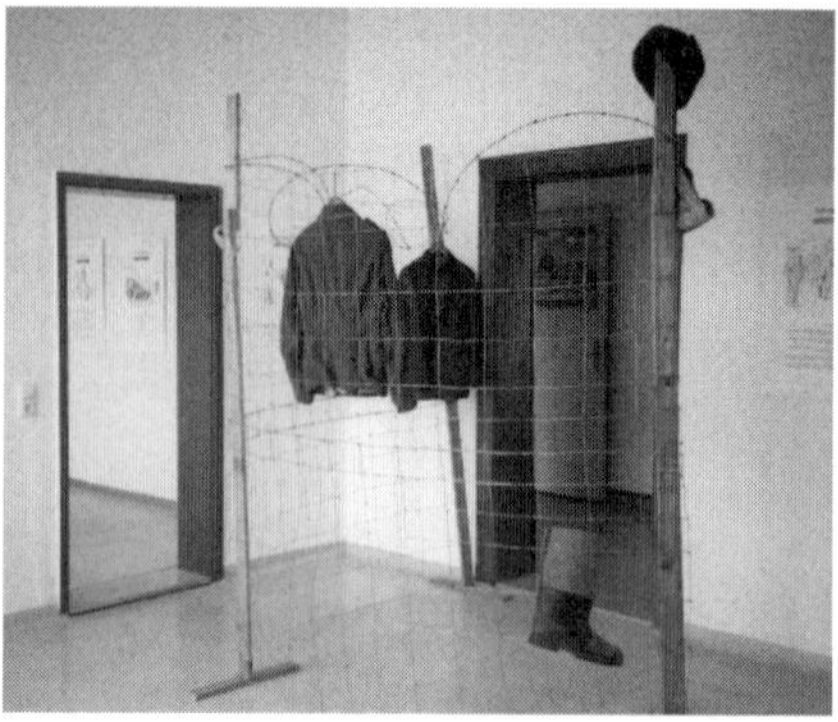

〈記憶の場〉協会の展示品と展示室。

保守本流

ドイツで保守勢力といえば与党のCDU（キリスト教民主同盟）と、その支持母体であるBdV（強制移住者同盟）だ。BdVは戦後西ドイツでつくられた難民団体だ。会員約二〇〇万人は旧ソ連、東欧地域出身者で占められている。

ここで簡単だが、この団体の由来を述べてみよう。

ドイツ人の東方植民運動は、十二世紀頃から本格化していく。人口希薄な東欧・ロシア地帯に宣教師、農民、職人、商人等のドイツ人たちが入植していった。各地にドイツ人村や市も形成され、そこで「自治」「法」という概念も発達していった。(注10) これら移民が東欧に近代化をもたらしたといわれる所以だ。八〇〇年に及ぶドイツ人移民の歴史は、現地のスラブ人たちとときに摩擦はあっても概ね平和に暮らしてきたと教えてくれる。

一九四五年五月のナチの敗北により状況は一変した。米ソ英仏連合国によりこれら中・東欧のドイツ人たちの追放が決定され、それは終戦前後から開始された。一五〇〇万人の難民が命からがらドイツに辿り着いた。うち八〇〇万人が当時の西ドイツにきた。彼ら元難民たちにより一九五七年に一つの団体が立ち上げられた。それがＢｄＶだ。彼らは残してきた土地家屋の権利回復、東部国境線の見直しを訴え政府に圧力をかける。この強大な反共団体は冷戦の風に乗り保守政権から補助金や法的保護など手厚い扱いを受けてきた。

現在会員たちも高齢になり、往時のような力はなくなったとはいえ保守党の議員たちはその意向を無視できない。ＢｄＶの大会には大統領、首相をはじめＳＰＤ（社会民主党）の議員たちも駆けつけ、あるいはかかさず祝辞を送っている。(注11)

〇八年四月、政府は長年ＢｄＶが求めていた追放の歴史を顕彰するための常設展をベルリンのドイチュラントハウスに設置することを決定した。

わたしはそのドイチュランドハウスで、ベルリンＢｄＶ代表のＲ＝ヤケシュ氏に話を伺った（インタヴューは〇八年四月)。

R=ヤケシュ氏は一九四〇年ベルリン生まれの西ドイツ人だ。元ベルリン市議会議員(CDU)で、区長も務めまた同市の警察の最高幹部でもあった。〇二年以来このBdVベルリン代表を務める。自身は東欧から追放されたわけではないが、両親が追放の憂き目に遭っている。

この常設展にはポーランドやチェコなど隣国から猛反発があり、〝ドイツ人が我われを糾弾するのか〟と外交問題にまで発展した。また赤・緑連合政権時(社民党と緑の党の連立政権。一九九八~二〇〇五年)では、この問題はあまり顧みられず、「大戦中に起きたさまざまな悲劇の一つと片付けられていた」、とヤケシュ氏は語る。

「この追放は人類史上最大のものでした。一五〇〇万人が追放されたのですから。それを数ある悲劇の一つといった扱いでは納得できない。ですからCDUには感謝しないと。彼らがSPDを説得してこの常設展設置を認めさせたのですから」

―東欧諸国から非難の声がありますが。

「わたしの個人的意見ですが、ポーランド人やチェコ人はこの追放問題を正面に据えれば彼らがどれほどの罪を犯したか……」

西ベルリンのドイチュラントハウス。

氏は気が昂ぶって、卓をぱんぱん叩きながらつづけた。

「(一五〇〇万人のうち)二〇〇万人が道中死んだのです。しかも飢えや病気だけではなく、(ポーランド人やチェコ人たちから)強かんされ殺された。まったく無辜の人びとが。許せない。ベネシュ布告――チェコで戦後同国に在住するドイツ人の追放令――の清算をドイツ政府は求めもせずチェコはEU入りを果たした。耐えがたいことだ」

「明日、じつはポーランドに行くのです。ステェチン(旧ドイツ領)のシュターガートです。そこの郷土史のドイツ人向けの旅行案内書を読んだら、〝一九四五年、この街はふたたびポーランド領になった〟とある。まったくの嘘です。もともと(中世以来)ドイツ領なんですから。本当に腹が立つ」

ちょっとその案内書を読んでみましょうと、氏は探したが見つからずさらにつづけた。

R＝ヤケシュ氏。氏の事務所にて。

「現在のポーランド人はこの嘘の上に生活している。ここはつねにポーランドだった。いまふたたびポーランドに戻ったと。私たちにとっては受け入れがたい」

――しかし、そうなると誰があの戦争を始めたかということに――。

「ちょっと待ってください。もし私があなたの家族の一人を殴り殺したからといって、あなたが私の家族の者を殴り殺す権利は生まれるのですか」

――生まれませんね。

「そうでしょう。わたしたちの啓蒙された歴史では民主主義と人権を謳っているのです。復讐は許されない。ドイツ人がしたことをもって〝だから我われも君たちに正当な罰を与えた〟というのは許されない」

――常設展についてですが。

「ポーランドのカチンスキー政権とは話が成り立たなかった。現在のトゥスク首相は理性的だ。ポーランドはこの企画には参加しないが展示内容については物申す、ということでしょう。ですからこの問題は解決した。ある民族が死者を弔うことを許されないなどあってはいけないことです。日本も同じように何百万という人を殺し戦争責任はあるのに、戦後はドイツに比べ（戦争責任の追及もほとんどされず）はるかに楽だった」

私は思わず苦笑した。氏は激昂した。

「あ！　あなたがたは何を失ったというのです。千島列島ぐらいでしょう。それもほとんど人も住んでいなかった。何を笑うことがあるのです！　そうではないですか！　ドイツがどれほど広大な領土を失ったか。笑うことなどできないですよ。歴史に正義などないが、戦後の日本の運命はたいへん得をしてきたのは事実だ。追放問題を日本に伝えるのなら、日本がいかに運がよかったかをも人びとに伝えて頂きたいものですね！」

――ＢｄＶの今後ですが。

「はー、これはたいへん繊細な問題です。BdV会長のエリカ＝シュタインバッハ氏と会ったとき最初にこの問題で話をしました。年配者はどんどん亡くなるし、次世代にどうつなげていくか。私の提案ではドイツ文化の東欧での貢献を顕彰し伝えていくことです。カントやアイヘンドルフ、音楽家……七〇〇年間に及ぶドイツ文化の軌跡を顕彰し現在に生かす。将来のために。であればBdVもこのままではありえない。ちがった名称となるでしょう。

BdVは文化財の保護にも取り組んでいる。ベルリン同郷人団でも、毎年一回〝東ドイツ文化の日〟を設けほかの同郷人団と合同記念祭を催します。音楽会や朗読会をして私たちが失った――それはたいへんな痛みを伴った――文化を記憶していこうとしています」

―先の質問に戻りますが、東欧人は〝ドイツ人は、先の戦争の犠牲者をユダヤ人とドイツ人しかいないと思っているのではないか。自分たちのことは無視している〟と非難していますが（たとえばTAZ、〇八年二月七日付）。

「それはまったくの誤りです」。氏は腰を浮かせ私に顔を突きつけるように言った。

「たんなる中傷です。先の戦争の責任は認めていますよ。言い方をかえましょう。ドイツがどれほどの償いをしてきたかを。ユダヤ人にどれほど補償してきたか。いまでもつづけている。日本はどうですか。いわゆる戦犯がまだ健在ではないですか。――はっきりさせたい。ドイツは広大な領土を失った。個々人において（東欧における）土地の返還を求める人はいるがBdVは関知しない。昔は私たちも国境の平和的な変更を求めていた。しかし武力を持ってしかそれがかなわないとなれば、あきらめるより仕方がない。しかし文化の記憶を保つという営為はつづける。これは誰も否定することはできないことです。わたしたちはポーランドやチェコの若者たちを〝東ドイツ文化の日〟に招いている。チェコの若者たちは古い偏見の呪縛から解き放たれている。ドイツ文化にも素直に接することができるのです。自分たちの両親の時代は、あるいは戦前はどうだったか、とね。それはドイツ文化の時代でした。これを無視することはできません。彼らも喜んでいる。これこそが両民族の共同の歩みを進めるのにもっともいい道だと思いますね」

―BdVはほかの民族主義団体と関係をもっていますか。

「どういう意味ですかね。まったくおっしゃる意味がわからんが。民族云々とはどういうことですかね」

―エー、たとえばNPDとかですね……。

「失礼ですがね、あなた頭がおかしいんじゃないですか。我われはすべての極右団体との接触を拒否します。わたしたちは民主主義に立脚した団体です。BdVがNPDと一緒だとなればCDUからの援助は打ち切られます」

BdVは元――、といいかける私に氏は、あ、あったと先ほど話題にのぼったポーランドの旅行案内書を取り出した。いいですか、読んでみましょう。

「――街の歴史について云々しているが、ドイツ人が住んでいたことには一言もふれていない。そして一九四五年になる。ここに一時期、捕虜収容所がつくられ、街の七〇パーセントが破壊され――。そしていま引用しようと思った文章が出てくる。〝一九四五年、街は再びポーランドに戻った〟と。まったく違います」

――ＢｄＶの会員には多くの元ＳＳ（親衛隊）がいるとのことですが。
「否定はしません。しかし、はっきりとした数字は知らないが、戦争末期には一〇〇万人以上のＳＳ隊員がいた。当然、戦後会員になったものもいる。彼らを閉じ込めておくことなどできませんからね。現在の視点で当時の状況を云々するのは無理です。ところで日本はどうですか。あなたもそのことを考えたほうがいいですね（笑い）」

ああ、怖かった。たいへんな情熱家だ。ＢｄＶについては黒い噂を聞く。（注12）今回そのうちの幾つかを聞いてみたが、〝日本人にいわれる筋合いはない〟というのが氏の反応だ。これは氏一人に限らない。ライプチヒのＢｄＶ支部長に、「ドイツ人は戦争でロシア兵がドイツの女性を強かんしたとさんざんいうが、ドイツ兵がソ連でどのくらいのロシア女性を強かんしたかについては口を閉ざしているんですね」。途端に相手は渋い顔になる。「それはどこの国でも自分の国のことが一番の関心事でしょう。だいたい日本だって中国で――」となる。

ドイツと日本、どちらがより恥知らずかを検証するのが私の取材目的ではないのだが。

また、ヤケシュ氏のいう〝東ドイツ〟は旧ドイツ領のことでＮＰＤと同じ言い回しだ。もっともこの〝東ドイツ〟は、七〇年代のはじめまで西ドイツのメディアでは普通に使われていたという。

ナチ犯罪を歴史教育の中心に据えることに苦々しい思いを抱く人びとはなにも「極右」に限らない。歴史教育を民族のアイデンティティづくりの一環としたい「極右」と氏が語ることは同じ方向性だ。

だが保守層の人たちには現状維持への揺るがぬ決意――それを民主主義に対する信頼と置き換えても

いい。どちらでも読者のお好きなほうを――がある。現状を乱すあらゆる勢力――左翼などもってのほか、しかし極右もダメ――に対する強い警戒感だ。保守層のこの保守性こそが、同国の右傾化を阻む要因の一つといえるのかもしれない。

露系ドイツ人とNPD

政党である以上、少しでも多くの票を獲得したいと考えるのは当然だろう。特にドイツの場合、政党法により選挙で一パーセント以上の得票を得れば助成金が下りる。また議席獲得には五パーセント以上の得票が必要だ。

NPDの場合、〇六年の党収入三〇〇万ユーロ（約五億円）のうち一三〇万ユーロが国費――〇二年に比べ一〇〇万ユーロ増加――によって賄われたもので、残りは約七〇〇〇人の党員の党費と民間からの寄付による（以上、日刊紙BZ・〇八年二月八日付）。

NPDは新たな支持層の発掘に全力を挙げる。有望なのが旧東ドイツであり、またロシアからきたドイツ人たちだ。〇八年の末までにおよそ二三五万人の人が旧ソ連から〝帰国〟した。特に九〇年代は毎年一〇万から二〇万人がドイツに移住してきた（別表参照）。彼らの多くは十八世紀、ドイツ出身のロシア皇帝エカテリーナの時代にボルガ地方に入植していったドイツ人たちの子孫である。

彼らのドイツ本国への受け入れはCDUのコール首相時代（首相在任一九八二～一九九八年）に積極的にはかられた。そのため多くの露系ドイツ人たちがCDU支持者となっている。そこに目をつけたのがＮＰＤだ。

ＮＰＤの機関紙〝ドイツの声〟(Deutsche Stimme. Mai 08)〇八年五月号につぎのような投書が掲載された。ラインラント＝ファァッルツ州に住むアナトリー＝シュナイダー(仮名)という十六歳の少年から党に寄せられた手紙だ。その一部を紹介しよう。

コール首相(当時)が一九九二年にアルマタ(カザフスタン)にきたとき、首相は僕たち露系ドイツ人にドイツへの帰国を呼びかけ、さらにドイツが僕たちを必要としていること、仕事もあることを訴えた。――(中略)――ドイツ、偉大な詩人と思想家の国。この国に到着したとき、僕たちはたいへん喜んだ。ところが何ということだろう。ここは多文化主義の資本主義社会、反ドイツ感情、同性愛者、自虐史観、等々……信じがたい所だった。コールの約束はすべてうそだった。人びとは僕たちを望まない。――(略)――僕は嬉しい。ＮＰＤが唯一、僕をドイツ人として受け入れ、この(露系ドイツ人)問題を問題として取り上げてくれたことを。

ナショナリズムの問題を取材するに当たり私はしばしばＮＰＤに電話を入れた。今回(〇七年)は前回(〇四年)と違い受付の電話嬢の対応は愛想がなかった。「ハロー、こちらＮＰＤですがー」と面倒臭そうな若い女性の声。以前は、べつの女性のなかなか素敵な声だったが。今度の電話嬢が私のドイツ語で〝ああ、外国人だな〟と無愛想になったわけではない(わたしがしゃべる前から彼女は無愛想だった)。それどころか、こちらが日本のジャーナリストで、広報課のＢ氏につないでください、といったら、まあ！　すぐにおつなぎします、と急に愛想がよくなったぐらいだ。

〇八年、私はNPDに電話を入れた。例の電話嬢が混乱しきった声で言った。「いまは、非常に都合が悪いですね。――警察の手入れが入っているんです！」。

翌日の新聞を読むと、政党助成金の不正流用の疑いでベルリンのNPD事務所にガサ入れがはいったとのこと〔日刊紙『フランクフルト・ルントシャウ』（FRZ）。〇八年二月八日付〕。

ああ、本腰を入れだしたな、とわたしは思った。NPDなどは九〇年代まで誰もまともに扱わなかった。しかし、旧東ドイツ地帯に急速に根を張り出した同党に、ちょっとまずいぞという感じになってきたようだ。

さきの電話嬢の一件も、党勢拡大ですでに官僚的になっているのかしら、などと〝深読み〟したくなる。

〇八年春、同党の東ベルリンにある事務所を訪問する。西ベルリンから電車で東へ。たまたまなのか、東ベルリン地帯に入ると車内、ビールビン片手の乗客が目に付く。事務所は最寄の駅から本来は徒歩一〇分ぐらいの所にある。前回（〇四年）もそうだったが、この事務所を見つけるのは大へんだ。NPDの看板が出ているわけでもない。表札もない。たしかこのへん、と思って通りがかりの人に――外国人がNPDの事務所の場所をきくのもヘンだとひとり私は照れながら――聞いたら、目の前の建物を指された。

広報課のクラウス＝バイヤー氏に取材の主旨を告げると、露系ドイツ人を担当している者がいますから、とF＝シュヴェート氏を紹介された。インタヴューは両氏同席の元に行われた（Bはバイヤー氏。Sはシュヴェート氏）。

S「私たちは露系ドイツ人がドイツに来られるように努力しています。彼らにとってもロシア人やウズベキスタン人などと一緒に生活するよりドイツのほうがずっとよいのですから。近年政府は露系ドイツ人の受け入れを制限する方向に動いている。ドイツ語の試験を課したりしてね。私たちは露系ドイツ人の団体に、あなた方の希望をかなえるのはSPDやCDUではなく我われだと訴えているのです。成果は着々と上がっています。特に露系ドイツ人の若者たちはここではロシア人扱いですからね。学校では〝ドイツ人の罪〟を叩き込まれ、ドイツ語もできないのでトルコ人扱いだ。そうなると彼らは自動的に我われの所にくる。ハノーバーの地方選でも露系ドイツ人たちはじつによく働いてくれた。今年の二月に露系ドイツ人の集いがここで催されました。党では今年の末までに露系ドイツ人部局をつくりたいと思っています。（〝ドイツの声〟紙の投書の若者は）彼が私のところに電子便を送ってきて私が編集局に渡した。彼と会ったことはありません」

―NPDと外国の民族団体との接触は。

S「ロシアの右翼との接触もはかっています」

―ロシアに住む露系ドイツ人の右翼ですか。

S「いいえ、ロシア人の右翼です。この件でも露系ドイツ人

NPD 事務所。東ベルリン。

クラウス＝バイヤー氏。

たちは汗をかいてくれる。彼らはロシア語ができるし、現地の事情に通じていますから。その右翼団体が本物なら援助しようというのが我われの方針です。イエナーで開かれる〝民族祭〟にはロシアのナショナリストたちを招待しています。二年前には多くのロシアのナショナリストとドイツ語学部の学生たちが来ました。彼らは純粋なロシア人で、ロシアの現状を憂えている。多文化主義や世界の一極化に対し彼らもまた反対するわけです」

B「それを私たちは、パリ・ベルリン・モスクワ枢軸とよんでいます。わたしたちは、民族、国家を尊ぶすべての人びととの接触をはかっている。党の催し物にはさまざまな右翼団体が来ますよ。外国との意見交換のための部署も設けています」

―警察からの党に対する締めつけが強まっているのでは。

B「ドイツにはいまも駐留米軍がいる。戦争に負け国家の権利を失った状態が続いている。だからドイツ人として発言することに圧力が加わるのです」

―来年（〇九年）は州と国政選挙がありますが。

B「私たちは大きな問題を抱えています。選挙費用の問題です。来年の国政選挙では資金繰りが苦しい。しかし、中部ドイツでは党の主張は非常に浸透している。支持者には若者が多い。世論調査の結果ではある地域の学校では二〇〜三〇パーセントの支持がよせられている。若者は未来につながるものです。知識人の養成にも取り組んでいきます。わたしたちは個々の選挙結果に一喜一憂しない。そうではなく世代から世代へと考えている。（そして）八〜一〇年後には連邦議会でも議席獲得を——」

NPD 事務所。

この党を小馬鹿にする雰囲気はドイツでは依然強い。いままで、ドイツの各階層の人びとにインタヴューした際、本題以外に「NPD」と「露系ドイツ人」について感想を求めると、みなぽかんとしている。ザクセンでの同党の躍進も一過性でしょう、といった程度だ。露系ドイツ人に至っては、何それ、といった感じだ。問題として認識していない。あるいは巷間に流布している偏見を繰り返すだけだ。ある青年は、友人に露系ドイツ人とは〝あまり関らないほうがいいよ〟といわれたと話す。

BdV傘下の露系ドイツ人同郷団の世話役を務めるA＝ルップ氏は、NPDの人間が露系ドイツ人の催し物に加わり党のビラなどを置いていったことがあるという。彼らに引っ張り込まれないように「気をつけている」と同氏は語る。

NPDは社会が落ちこぼした人たちをせっせと拾い集めている。NPDとはドイツの建前と本音の間に咲いた徒花のようだ。彼らはいう〝もう、本音でいこう。あなた方だって外国人は嫌いだろう。戦争責任だってドイツだけが悪いのではないことを知っているだろう……〟と。彼らは正直者だ。ナチが正直だったように。ナチの人種優越意識、反ユダヤ主義など当時のヨーロッパでは当たり前だった。しかし、米英では公にはそれを非とした。NPDは人びとに正直になろうと訴えている。政府の建前が立派すぎてついていけない人たち、そこに偽善だけを見て取る若者たちはその後をついて歩き出した——。

露系ドイツ人小史

周知のように旧ソ連・ロシアは多民族国家だ。露系ドイツ人たちは多くの民族と共存してきた。その中でドイツ人であるがゆえにたいへんな苦難を強いられた時代もあった。彼らのなかで反ソ反共主義者が少なくないのも理解できる。多民族社会など、うんざり！ と、ドイツにやってきた彼らは、ここも多民族社会であることを知り驚く。

露系ドイツ人の中にも多民族社会をすんなり受け入れる人たちもいる。ソ連時代、異民族間の結婚が進み混血児もでてくる。そのような中で一民族を強調する愚をすでにこの人たちは学んだようだ。

では、ソ連・ロシアで彼らはどのように自己のアイデンティティをつくってきたのだろう。旧ソ連での生活を振り返ることで、彼らがいまのドイツ社会で自らのアイデンティティをどう再構築していくのかが見えてくるだろう。当時の様子を露系ドイツ人の証言と文献などを参考にして描いてみよう。

一九三一年生まれのH＝ライヒト氏は、露系ドイツ人として生きたソ連での生活を以前筆者に語ってくださった（拙著『東方のドイツ人たち』）(注13)。今回は氏に故郷ウクライナの〝両親や祖父母から聞いた話〟としての革命時代などを中心に語っていただこう。

露系ドイツ人たちを最初に襲った変化は、一九一四年に始まった第一次大戦だ。ドイツとロシアは交戦国となり、彼らの商店が襲われたりシベリア追放が小規模ながら起った。彼らの生活を劇的に変えたのは一九一七年の社会主義革命だ。もともと露系ドイツ人たちの多くは農民だったので、革命により生産所有関係が激変すると人びとの生活は混乱の極に達した。

革命が勃発し内戦に入った頃の話。

ある部隊が村にきた。

彼らはきく。〝おまえたちは白か赤か〟。村人は相手が赤軍か白軍かわからない。白軍に〝赤軍です〟といえばすぐに殺された（その逆も当然あった）。

家の戸の前でバン！　と射殺された。

二人の兵士がやってきた。〝俺たちは支配者だ〟といって二頭の馬を徴発しようとした。ライヒト氏の祖母が一人にものすごい平手打ちをくわせると、もう一人は逃げていった。彼らは赤軍か白軍か、あるいは野盗の一味かわからない。一九一八年頃の話だ。

各農家では牛や馬に各々名前をつけ昼間は放牧し夜は畜舎に戻す。その牛馬が共同所有となり一カ所に集められた。自分の家畜が集団所有で他人に使われるのは農民たちには耐えがたいことだった。ミシンや家具などが没収され学校の倉庫に保管された。妊婦だった母親は、大きなお腹を抱え夜学校に忍び込みミシンを取り戻した。重い物だったので、叔母の所にそれを隠して一年後に取りに行った。周りの者たちは黙っていてくれた。

このような革命期を経て、あの独ソ戦が一九四一年六月に勃発した。

H＝ライヒト氏。

ナチ占領下の露系ドイツ人たちの村。村人はナチを解放軍のように思っていた。コルホーズは解散され農地の私有化がはかられた。ドイツ軍はロシア人やウクライナ人の各村々で食糧を徴発したが自分たちのところはなかった。協力は求められた。

〝帝国のために食糧の供出を〟。

当時、村では犯罪人を罰するのにつぎのような手法を取った。たとえば、戸を盗んだ男がいる。邏卒《らそつ》は彼を村の広場に立たせ罪状を告げる。男はその盗んだ戸を背負い邏卒に連れられ村中一軒一軒まわって〝おれはこの戸を盗んだ〟と懺悔する。すこし重罪になると町に連れて行かれ鞭打ち刑に処せられた。お尻に最高二五回までだった。裁判官などいなかったので、地区の責任者による即決だ。

一九四五年五月、ナチ敗北。

終戦当時、すべての国民はメシの心配をする日々だった。露系ドイツ人たちの男の多くがロシア人と結婚した。ロシア語もできないのに。相手は食堂の賄いとか、床屋とか生活に関る人たちだ。生き延びるためだ。「相手はよりどりみどり」だった。(注14)

五〇年代になると食べ物の心配はなくなったが、ドイツ人に対する憎悪は社会に張っていた。露系ドイツ人の女の子たちは意気消沈していた。彼女たちの多くが田舎の出で戦争で学校も出ていない。彼らはドイツを消し去りたかった。そしてロシア人の海に飛び込んだ。ロシア人と結婚し、その子どもはロシア人になった。その子どもたちがいま、ドイツに来ている。なぜ、彼らはドイツ語ができないのか。答えがここにある。

愛情による結婚が中心になるのは六〇年代に入ってからだ。彼らは幼稚園や学校でみなと一緒に育つ。ドイツ人＝ファシストという構図は消えていく。

ソ連での異民族間の結婚もすすむ。これについては当事者にもさまざまな意見がある。異民族同士の結婚はよくない、と思う人もすくなくない。若いときは愛で充分だが、加齢と共に習慣の差が出てくる。特に中央アジアの人びととはそうだった。露系ドイツ人たちは中央アジアに多く住んでいたので、周囲にもカザフスタン人と結婚した者たちもいた。

また、現地には多くのロシア人やウクライナ人も住んでいた。一九一七年の革命以前、中央アジア地帯は部族統治による半封建的な社会だった。社会主義革命によりこれら地域の工業化が計られる。そのための人材としてロシア人らの技術者たちがこの地に送り込まれた。低い発展段階とされた中央アジアを一挙に工業化しようという企てだ。

戦前は、ロシア人たちも中央アジア人に対しあまりに異なるのでちょっと後ずさる所があった。戦後は徐々になれてきた。異民族間の結婚もはじまる。

急速に進んだ工業化に人びとの意識はなかなか追いつかない。部族社会の長と教育を受けた新世代との葛藤もある。文明化＝ロシア化にたいする反発も出てきた。ロシア語の公用語化は単に言葉だけではなく、ものの考え方にまで影響した――。

「レーニンは生きた。今も生きている。将来も生きるであろう」というような言いかたを決して思いつかなかったトルクメン砂漠の遊牧民のもとにも、極北のトナカイ牧養民族のもとにも、かれら自身の母語のころもを着せてとどけられたのである。(『現代ヨーロッパの言語』田中克彦・H・ハールマン著、岩波新書より)。

言語という「民族性の根幹」の侵害を中央アジアの詩人や小説家たちは看取したのだろう。各民族間の混血が進む一方、ナショナリズムが台頭してきた。

あるベラルーシ人の女性はカザフ人の男性と結婚した。

二人ともある大会社の設計工で将来を嘱望されていた。夫妻には一男一女がいる。娘は母親に文句を言う。〝なぜ、カザフ人なんかと結婚したのよ〟。娘は黄髪でアジア人顔だ。ロシア人は〝わたしのことをカザフ人だといって受けいれないし、カザフ人は、私をロシア人という〟と。そのベラルーシの女性は夫と毎週日曜日に彼の両親を訪ねる。彼らの習慣で、男は男同士、女は女同士で集う。カザフ語のわからない彼女はいつも台所で何か仕事を見つけていた。彼女が女性たちの環に加われば、周りのものは彼女に合わせロシア語でしゃべらないといけない。だから遠慮したのだ。このような事例は事欠かなかった。「だから異民族間の結婚はよしたほうがいい」（ライヒトさん）と考える人たちも少なくなかった。

以上のような民族事情の中に露系ドイツ人たちは生きてきた。

それでは、露系ドイツ人たちの最大の理解者であるCDUは彼らの社会への統合をどのように考えているのだろうか。〇八年四月、この日ベルリンでCDU（キリスト教民主同盟）の連邦議員C＝ベルグナー氏による〈ベルリンの露系ドイツ人移民の社会への同化に関する問題〉と題する講演会があった。ちょっとその講演内容について紹介しよう。

ドイツは中世の東方植民などでロシア・東欧地域に大きな貢献をしてきました。それは黒海までつづくドイツ人の運命共同体であった。――（中略）――二〇〇万人以上の露系ドイツ人たちが比較的大きな問題も起こさず社会に受け入れられてきた。社会統合に関してトルコ人の共同体が、露系ドイツ人たちの参考になるのではという議論がありますが、私はそれは違うと思う。しかし、そのような議論が出てくること自体、一般のドイツ人にとってあなた方は関心のない対象なのです。トルコ人組織は模範にならない。あなた方はドイツ人なのですから。――近年、移民の数は激減した。その理由として、一つ、（多くの露系ドイツ人が住む）ウクライナやカザフの経済状況が好転していること。一つ、ドイツ政府による現地の露系ドイツ人への援助が効を奏していること。一つ、ドイツの移民法が厳格化したこと。以上、三つが挙げられる。――大きな困難は「資格」認定問題です。ソ連時代、一人はタリン（エストニアの首都）で学び、一人はモスクワ、一人はシベリアで学ぶ。EU法で資格が認定されるのは（EUに加盟した）エストニアで勉強した者だけとなってしまう。この問題は是非解決しなければなりません。移民が激減したことをもって問題解決とはなりません。

講演会のあと、C＝ベルグナー連邦議員に話をきいた。ベルグナー氏は一九四八年旧東ドイツ生まれ。元ザクセン＝アンハルト州知事、現在はCDU連邦議員として露系ドイツ人ならびに国内の少数民族（ソルブ人）問題の専門家として活動している。

―露系ドイツ人たちはドイツの血統政策の一環としてドイツに来たわけですね。

「血統というより、それはナチの血統主義を想起させますが、そうではなくスターリン政権下でドイツ人であるがゆえに抑圧されてきた同胞たちということです。彼らをどう助けるか。歴史上の課題なのです」

―しかし、四分の一、八分の一のドイツ人の血を引く私はドイツ人ですか。

「いいえ、そういう捉え方はしません。ソ連時代、ドイツ民族とされた人びとをいっている」

―多くの露系ドイツ人たちは〝ロシア人〟になっていますが。

「そういう人たちは、我われの所に来てもらえばいい。彼らは抑圧の結果、民族を変えたのですから。私たちは〝血〟によって人を選別するのではなく、〝抑圧された人びと〟のグループに手を差し伸べようと思っている」

――露系ドイツ人にはNPD支持や右翼が多い、と聞きますが。

「それは違います。NPDは露系ドイツ人について理解できていない。なぜ、露系ドイツ人がロシア語しかできないのか、そんなこともわからない。いまのところ、彼らが露系ドイツ人たちのもとで大きな成果を挙げているとは思いません」

――しかし、危険はあるでしょう。

C＝ベルグナー連邦議員。（CDU）。

「ええ、まあNPDよりも、他の極右団体との接触がより危険ですね。一般のドイツ人たちが彼らをドイツ人として認めない状況がつづけば、彼らのゲットー化あるいは極右団体への接近も起こりえる」

――もうすでにそうなっているのでは。

「ええ、でもいままでのところ彼らが極右に流れていく傾向はみえませんね。――ですからドイツ人が彼らをドイツ人として受け入れることが大切です。これが一番重要なことです」

日本人がこの問題に興味を持つのですか、と氏はインタヴューの後にいった。

イスラエルに移民した旧ソ連からのユダヤ人並びにその家族たち

年次	人数	（統計表）	
1989（年）	1万2721	99	6万6847
1990	18万5230	2000	5万0816
91	14万7839	01	3万3600
92	6万5093	02	1万8525
93	6万6145	03	1万2423
94	6万8079	04	1万0130
95	6万4848	05	9431
96	5万9048	06	7470
97	5万4621	07	6502
98	4万6032	合計	98万5400

Quelle: Central Bureau of Statistics（CBS）/Jewish Agency of Israel, 2008より。

露系ドイツ人たちは新たなナショナリズムの供給元になる可能性が大きいと私は思う。それは東ドイツ人も同様だ。

ドイツに限らず社会の下層に位置する集団は往々にして過激化する。日本でも戦前、玄洋社、黒龍会などの右翼結社は明治維新で零落した福岡出身の侍階級の子弟で構成され、要人の暗殺などに関った。また〝大陸浪人〟第一世代も同地出身だ。（福岡は玄海灘を目前とし、アジア連帯主義と大陸膨張を熱望する国家主義者を輩出した土地――E＝H＝ノイマンの言う「最も過激な国家主義と帝国主義者たちの精神的故郷であった」（『日韓近代史の空間』李健・韓相一訳、日本経済評論社）。イスラエルでは九〇年代になると旧ソ連から来たユダヤ人たち新移民が激増し、ほとんどが低所得者層でその結果、極右思想に共鳴する者が続出している。たとえば、極右政党「わが家イスラエル」（だとしたら、旧ソ連はドイツ、イスラエルの極右の揺りかごということか）。

露系ドイツ人たちにはドイツ人になるための通過儀礼が課せられる。ドイツ人であるがゆえ、旧ソ連で抑圧された歴史をもつ彼らが、ドイツでは加害責任を叩き込まれ、さらにソ連・ロシアで培ったアイデンティティの放棄――ソ連時代の無価値化――を求められる。ここで、東ドイツ人と同じ反応が露系ドイツ人にもうまれる。

多くの人がそれを受け入れ自分の持つロシア的要素を消し、なかにはウルトラナショナリストになるものもでてくる。また一方はその要求を理不尽と感じ彼らの輪に唯一憩いの場を見出す（ゲットー化）。ほとんどの人はこの中間にいる。

社会で〝ロシア人〟とされる彼らが、極右団体に入れば、人びとからさらに嘲笑されるのが落ちだ。それでも例えばＮＰＤ(注15)に入党するとしたら、その人はたいへんやる気のある人物といえる。不遇な環境はしばしば政治的野獣をつくる。のほほんとした一般のドイツ人たちと違い、屈辱感と怒りをバネとした「野獣」が彼らの中から生まれてくることはないのか。いずれにせよ二四〇万人近い露系ドイツ人たちの動向はナショナリズムの行方に影響を与えずにはおかないだろう。

注

注1　〇七年には十一万三〇〇〇人の外国人がドイツ国籍を取得。うち四分の一強がトルコ出身。（隔月誌〝Deutschland〟08年10/11月号．www.magazine-deutschland.de）
注2　ピザテスト。中高生の国際学力比較（〇六年）。ドイツは五七か国中イギリスと同率一三位。一位は韓国、二位はフィンランド、日本は十二位。Ergebnisse der Pisa-Studie 2006. また、〇六、〇七年の外国籍の子どもで大学入学資格をもっているのは約八パーセント。隔月誌『Deutschland』日本語版、〇八年一〇・十一月号。

注3　アメリカで黒人のオバマさんが大統領になっても、同国の人種間格差は平均資産で白人九万ドルに対し黒人五〇〇〇ドルだ。また刑務所に収監されている者の半分近くが黒人である。（毎日新聞、〇八年十一月十一日、夕刊より）。〇七年、人種を理由に犯罪に遭った被害者の七割が黒人。（赤旗、〇八年十一月十三日）。

注4　〇六年十一月、イギリスのブレア首相はイギリスの新聞紙上で奴隷貿易に遺憾の意を表明した。

注5　ハイヨ＝ヘルマン（一九一三年生まれ）。元戦闘機飛行士で大戦中数々の戦功をたてる。現役の弁護士。

注6　たとえばザクセン新聞は、ドイツの警察による国境での厳しい取り締まりに対し、ポーランド側の不満を伝えている。（〇八年二月八日付）

注7　『過去の克服』（石田勇治著、白水社）。

注8　年鑑２００８。（ドイツ統計局）。

注9　『ヨーロッパ市民の誕生』（宮島喬著、岩波新書）

注10　Ostsiedlung und Vertreibung der Deutschen 1945-1947. Herausgeber Bund der Vertriebenen, Landesverband Thuringen。

注11　ケラー大統領、メルケル首相、ショイベル内相、ボウベライト・ベルリン市長等々からの祝辞。〝故郷の日２００７〟大会に際して（Deutscher Ostdienst. Nachrichtenmagazin des Bundes der Vertriebenen）。

注12　緑の党のレナーテ＝クナスト氏は、ＢｄＶでは八〇年代まで元ＳＳ隊員の比率は平均の三倍に上っ

ていると指摘している（BZ、〇七年一〇月二十二日付）。

注13　拙著『東方のドイツ人たち』（現代書館）では、ライトと表記したが、ライヒトとするのがより正確なので訂正します。

注14　一九四〇年のソ連の女性人口は一億三〇万人で一九四六年では九六二〇万人。男性は九二三〇万人から七四四〇万人に激減している（稲子恒夫編著、『ロシアの20世紀』東洋書店）。

注15　ＮＰＤ（国家民主党）。一九六四年、西ドイツで結成された国家主義政党。ＮＰＤを国民民主党と訳す例（たとえば『独和広辞典』三修社）が多いが、国家主義（者）という言葉はあっても国民主義（者）とは言わない。ＮＰＤは国家主義を標榜している。

第四章　ポーランド

「連帯」の時代

社会主義時代でも東ドイツとポーランドはお世辞にも仲が良いとはいえなかった。

ポーランドでしばしば起こる改革の動きを東ドイツ指導部はつねづね苦々しく思っていた。だからというわけか民衆のもつポーランド人に対する偏見を泳がしていたような節さえある。

ポーランドに比べはるかに豊かな生活をおくる東ドイツ人。東ドイツに比べはるかに言論の自由のあるポーランド人。

当時、こんな冗句《ジョーク》があった――。

東ドイツの犬とポーランドの犬が両国の国境の橋で出くわした。

ポーランドの犬がきいた。

〃お前どこにいくんだ〃。

東ドイツの犬は答えた。

〃お前の国さ。で、お前こそどこに行くんだ〃。

ポーランドの犬はいった。
〝お前の国さ〟。
東ドイツの犬は驚いた。
〝へえー、いったい東ドイツで何をしようてんだい〟。
ポーランドの犬はいった。
〝たらふくめしを喰いたいのさ。
で、お前こそポーランドで何をするの〟。
東ドイツの犬はいった。
〝思う存分吠えたいのさ〟。

ポーランドに世界の耳目が集まったのは、一九八〇年に起こった自由労組「連帯」だろう。七〇年代はじめに西側諸国からの莫大な借款をもとに、一挙に先進工業国入りを目指したポーランドは、経済政策に失敗し七〇年代後半にはその返済に四苦八苦しだした。同国の対外債務は七一年の七億ドルから八〇年には二〇〇億ドルになる(『ポーランド現代史』伊東孝之著、山川出版)。そのしわ寄せは国民にくる。抗議の声をあげたのが「連帯」だ。

一九八一年十二月、ポーランド全土に戒厳令が敷かれた。ワルシャワ条約機構軍のポーランド介入が取り沙汰される。アメリカはタカ派のレーガン大統領のもと東側陣営への対決色を強め東西緊張が高まっていく。

冷戦崩壊への嚆矢となる「連帯」の動き。いまや歴史の一こまとなった当時の庶民たちの日常をある女性はつぎのように語った――。

戒厳令下、手紙や電話は検閲された。

彼女――当時小学校高学年――が友人に電話をしたときだ。

〝お知らせします、お知らせします。この電話は公聴されています〟の男の声が入る。長電話になり二、三時間のおしゃべり、と突然声が割ってはいった。〝君たちいつまでそんな下らない話をしているんだ！〟。「でも、私それからまだ一時間くらい話ていいた（笑い）」。

「連帯」の評価も人それぞれ違っていた。家族の中でも「連帯」支持者とそうでない者とに分れた。「連帯」をめぐって「多くの家庭で亀裂が生じた」という。

当時はまた、物不足が起こり、市民は長い行列に並び食料品等を買い込む。人びとはそれぞれの人脈を駆使し、駆け回っていた。

欧米や日本から食料品や衣料品が送られた。ソ連や東ドイツなど東側陣営からも援助物資が届いた。ポーランド人たちは西側の物はありがたく受け取り東側からの物は放り捨てたという。また送る側、たとえば東ドイツでは「ポラッケンのためにバカバカしい」と普通ならごみに出されるような服を送った例も少なくなかった。

以上の話は何人かの東ドイツ人やポーランド人から聞いたものだ。しかし、事実はすこし複雑なようだ。

「連帯」側には教会と欧米諸国がついていた。欧米の人びとから送られた援助物資はまず教会本部に送られ、そこから各教区に配分され、さらに「連帯」派の住民に配られたという。教会は反連帯派住民には援助品を売った。また、東側からの品は即、ごみ箱行きという話は「連帯」派の人びとが流したデマだという。もちろん品質の良い西側製品を人はより喜んではいたけれど。

EUの時代とナショナリズム

ドイチュラント！

ドイチュラント！

ウオー。

二〇〇六年六月十四日、ライプチヒのアウグスト広場は立錐の余地もない人で覆われた。

この日は、サッカーの世界大会ドイツ対ポーランド戦（主催場はドルトムント）の日だ。広場には映画用ぐらいの大画面が設けられ、試合は生中継される。この広場がこれだけの熱気に包まれるのは一九八九年秋、社会主義政権を崩壊させた「月曜デモ」以来だろう。

ドイツが開催国となった〇六年の世界大会だ。街中で国旗や国旗を顔にあしらった人びとを見る。試合でも〝ドイチュラント！〟〝ドイチュラント！〟（ドイツ、ドイツ）と大合唱だ。日常生活でこんなことをしたらたちまち〝ナショナリスト！〟と叱責をうけるが、大会期間中は大丈夫、大手を振ってドイツ人たちも熱狂する。

試合はドイツの攻勢が続く中、ポーランド側も必死で防戦、〇対〇のまま試合終了一分を切ったとき、ドイツが得点を上げる。大歓声に包まれる広場。結局、試合は一対〇でドイツが辛勝した。観衆たちは各々気勢を上げ、鳴り物を鳴らして騒いでいたが、概ね理性的に行動していた。スポーツはナショナリズムをおおっぴらに表現できる最高の場といえるかもしれない。

この世界大会の三カ月前、ポーランドのカチンスキー大統領が訪独した。

この大統領、ドイツではすこぶる評判が悪い。さきのアウグスト広場では、独・ポ戦の観戦に訪れた同大統領が画面に写し出されると、観衆からブーという不満を鳴らす声が広がった。

カチンスキー氏は二〇〇五年十月、大統領に当選、そのウルトラカトリック主義にはポーランド国内でも困惑の声があがる。

独・ポ関係はここ五、六年の間、悪化の一途を辿っている。ドイツ側はその原因の多くはカチンスキー大統領のそのナショナリスティックで露骨な反独姿勢に負うものとすれば、ポーランド側はドイツのBdV（強制移住者同盟）会長のエリカ＝シュタインバッハ氏による度重なるポーランドに対する挑発が原因とする。

CDUの連邦議員シュタインバッハ氏は、一九九八年BdV会長に就任早々、ドイツ人追放への謝罪をポーランドとチェコへ求め――「ベルリン声明」[注1]――それが両国のEU加盟への前提だと述べ彼らから激しい反発を買った。さらに同氏は強制移住の歴史を忘れないためにとベルリンに強制移住者記念館の建設計画をぶち上げた（二〇〇〇年九月、反追放者センター財団立ち上げ）。それに呼応するように〇三年、東欧を追われたドイツ人たちが旧財産の返還を東欧諸国に求めプロイセン信託公社が立ち上げられた。ポーランド・チェコとの関係が本当におかしくなってきた。

冷戦後、「最悪の独・ポ関係」（FAZ、〇四年十月十一日）をもたらすうえで中心的役割を果たしたBdVと連邦議員で自身も強制移住の体験者であるエリカ＝シュタインバッハ氏。[注2] 一介の連邦議員に過ぎなかった同氏は会長就任後そのタカ派的言動により、いまや大物政治家として影響力を振るう。

ポーランド側は、左右を問わず反ドイツで結束した。

二〇〇四年、ワルシャワ市長であったカチンスキー氏――現大統領――はナチによって灰燼と帰したワルシャワ市への補償として三一〇億ユーロをドイツに要求した。つづいて国会は先の大戦の戦後補償をドイツに求める決議を賛成三二八票、反対〇、棄権一票で可決した。（〇四年九月。）

ドイツでも、プロイセン信託公社はやりすぎとの懸念の声があがる。「これではポーランド国内の反独勢力を勢いづかせるだけだ。（反独の）カチンスキー大統領候補に贈り物をするようなもの」とCDU・CSUの被追放者担当部会長のエヴィン＝マーシェヴェスキ氏は語る。[注3]

ドイツ政府は事態の沈静化につとめる。ケラー大統領が初の外遊先をフランスでなくポーランドにしたのもその表れだ（〇四年七月）。

ポーランドに着いた同大統領は、〝自分が現在の東ポーランド生まれである〟こと、またナチ・ドイツ軍と戦い斃れた兵士たちの記念碑に献花し、『ダンツッヒ声明』（〇三年十月）――独・ポ両国の追放の犠牲者を悼むと共に、相手国に対し補償を求めないこと――を再確認した。（以上『ディ・ヴェルト』〇四年七月十七日付。SZ、〇四年七月十五日付）。またBdVならびにプロイセン信託公社と国は一切関係がないこと、民間団体がやることには政府は口出し出来ないことなど、ポーランド側の誤解を解くよう努めた。

誤解は解けなかったようだ。

プロイセン信託公社は、ＢｄＶの傘下組織であるシュレージェン同郷人団と東プロイセン同郷人団の幹部たちによって立ち上げられＢｄＶの幹部が同公社の幹部を兼任している例も多い。またＢｄＶは国から補助金を受け、保守政党と深く結びついている。シュタインバッハ氏はしばしば批判されるものの、責任を負って辞任したわけではない。これらの事実は、単なる「民間団体」にしてはおかしいと、東欧の人びとに思わせる。

ドイツ側の「民間団体」によるナショナリスティックな動きにポーランド側は極右政権をもって答えた。カチンスキー氏はまさに「ドイツのおかげで大統領になれた」のだ。

○五年十月、大統領に当選したカチンスキー氏は、ドイツの日刊紙ビルトのインタヴューに答えて次のように述べた。

〝両国関係にとって最善の道は記念館建設を断念することだ〟。

これに対してシュタインバッハ氏は次のように述べた。

〝カチンスキー氏はドイツの大統領ではない。私はポーランドの内政に干渉しないし、これはドイツの国内問題だ。氏のそのナショナリスティックな論調はＥＵにおいてけしてポーランドを利することにはならないだろう〟。

○六年三月に訪独したカチンスキー大統領はドイツ各紙のインタヴューに新たなポ・独関係の構築を目指す旨を述べると共に、あらためてＢｄＶ（強制移住者同盟）による強制移住者記念館の建設に反対を表明した（『ディ・ヴェルト』『南ドイツ新聞』などの各紙。○六年三月九日付）。

大統領の訪独から一〇日後に次のような記事がドイツの各紙に載った。

BdVはポーランドからの強い批判にもかかわらず、早急にベルリンに記念館建設を目指す。〝期は熟した〟と大会決議。エリカ＝シュタインバッハ氏は土曜日の大会で会長に再選された（『ディ・ヴェルト』〇六年三月二十日付）。

東欧諸国の反発をものともしないドイツ側の断固とした態度。なぜだろう――。

※

〇六年五月一日、労働者の祭典（メーデー）の祝日、ライプチヒのクナイペ（酒場）にわたしはいた。隣り合わせた三人の若者たちに話し掛けてみた。二〇代半ばぐらいの青年たちで、デモからの帰りだという。

BdV、エリカ＝シュタインバッハって知ってる？。え？　誰それ、と三人ともけげんそうな顔になる。そのうち一人が、「あ、聞いたことがある。なんかポーランドともめて……」。で、どう思うときくと、彼は、「ポーランド人はいつもドイツに難癖つけるんだ。チェコ人はそうでもないんだけど。ポーランド人はいつもそうなんだ」。そして彼はドイツで流布しているポーランド冗句《ジョーク》をいう。

〝ポーランドには盗品はない。だってもともとみな盗んだ物だから〟。

わっと三人は笑った。他の若者が言った。「ドイツが昔のようなことをするわけないじゃないか。なぜポーランドが騒ぐのか理解できないね」。

ひとつの国を知ろうと思えば、その国と敵対する国による相手国の分析が有効だ。「必死で相手を研究する」（『ルポルタージュの方法』本多勝一著、朝日新聞社）からだ。ポーランドの敵とはドイツとロシアだった。両国からどれほどの煮え湯を飲まされてきたか。国際環境の大幅な改善はポーランド国民の両国に対する警戒心を和らげたが、BdVによりふたたび揺り動かされた。この国は、先の大戦で六〇〇万人を超える死者を出した。うち二七〇万人がユダヤ系ポーランド人だ。ワルシャワは街の八〇パーセントが破壊され、国全体では総資産の三八パーセントが失われた（『ポーランド現代史』伊東孝之著、山川出版）。

この章では十八世紀以来ドイツから蹂躙されつづけた隣国ポーランドから見たドイツナショナリズムを探っていく。そのドイツ観は公平ではないだろう。が、「必死で相手を研究」したものなら「急所をえぐって」（本多勝一・同前出）いるのは間違いない。

ここで「最悪の独・ポ関係」を概観するために〇六年の両国関係に関するドイツ各紙の記事を三つ四つ拾ってみよう。（TAZは日刊紙ターゲスツァイトンクの略）

☆カチンスキー大統領やっとドイツを訪問。大統領就任後、バチカン、ワシントン、キエフ、プラハそしてパリを訪問した同大統領は、やっと今、ドイツに来た。反追放者センターに反対、歴史を歪曲するものと同大統領。（『ライプチヒ人民新聞』、以後LVZと略す。三月九日）

☆「カチンスキー大統領、TAZの（同大統領への）風刺記事に抗議。メルケル・シラク両首脳との共同会談拒否。公式には健康上の理由で」（TAZ、七月五日）。

☆「カチンスキー大統領、TAZを〝STÜRMER〟と比べる。STÜRMERは一九三〇年代のナチのプロパガンダ紙」（FAZ、七月十七日）
☆BdV主催の（追放に関する）展示会〝強いられた道〟がベルリンにて開催。同日、カチンスキー首相はダンツッヒの元強制収容所を訪問。シュタインバッハ氏はポ・独両国にとって有害――。（FAZ、八月十一日）

両国に何が起こっているのか。ここはポ・独関係の専門家に話を聞くのが一番だろう。ライプチヒにあるポーランド学院の所長を務めるミヒャエル＝マルニスキー氏は一九五〇年ワルシャワ生まれ。国でドイツ語を勉強し、八〇年代に奨学金を得て西独でもドイツ語を学んだ。〇四年に所長としてここライプチヒに赴任する。同学院はドイツにポーランド文化を紹介する目的でつくられ、他にベルリン、デュッセルドルフにもある。氏にBdVの計画――反追放センター（記念館）建設構想――、ポ・独関係全般について伺った（インタヴューは〇六年四月同学院にて）。

「わたしは記念館建設には反対です」と氏はきっぱりした口調でいった。
「彼らは歴史の数ある出来事の一つを抽出し代表させている。もちろん故国を追われたのは悲劇ですね。でも誰が戦争を始めたのか。ベルリンに記念館をつくるなら、よろしいポーランド人の犠牲者の記念館もつくってもらいましょうか。つぎはロシア人の……とベルリンは記念館の林立する街になる。これもすべてBdVからきた問題です。自身も追放されたというBdV会長のシュタインバッハ氏の父は、ドイツ国防軍の兵士、つまり占領軍の一員としてポーランドに来た。彼女のポーランドでの家は地元のポーランド人から奪ったものでしょう。ドイツ人はドレスデン空襲など本当にひどいというが、ワルシャワを徹底的に破壊したことには一言もない。なぜ自分たちだけなのか」

ドイツの新聞は、現在のポーランドの反ユダヤ主義についても報道している。

☆〝ラジオマリア〟は反独・反露・反ユダヤを主張するラジオ番組――聴取者およそ六〇〇万人といわれている――で、番組では〝ユダヤ人たちがいわゆる謝罪をポーランドに求め金を脅し取ろうとする。そしてポーランド民族を侮辱――〟（FAZ、〇六年四月十三日付）。

―いま、ナチのユダヤ人虐殺には多くのポーランド人が協力したとドイツ側から指摘されています。

「それは違います。一つの嘘です。確かにナチに協力したポーランド人はいましたよ。しかしフランスやノルウェーはどうですか。ポーランドはフランスやノルウェーのような政権さえもてなかった。ポーランド人は当時奴隷に過ぎなかった。多くのポーランド人が命懸けでユダヤ人を助けた事実もある。一部のユダヤ人はそれに感謝していますが、多くは知らない。ポーランド＝反ユダヤと紋切り型の印象しかない」

―しかしポーランド人によるユダヤ人虐殺もあった。

「ポーランド人によるユダヤ人虐殺（一九四一年）はあった。証拠もある。ドイツ人はそれ見たことかと喜んでいるようですが。でもそれはナチの黙認の下に起こった事件で例外に過ぎません。ナチ犯罪とは比較できない」

―結局、ドイツ人は何を言いたいのでしょう。

「彼らは他の反ユダヤ主義者を探しているだけ。ポーランド人やロシア人も同じだと言いたい。」

―ドイツ人は、ポーランド人はいつも犠牲者だと言い何でも人のせいにすると……。

「まあ、そういうことは言いますが（苦笑）。私自身は人様に哀れみを乞うのは望んでいません。ポーランドは中世の大国でしたからね」

―ユダヤ人に対する態度と違い、ドイツ人はポーランド人やロシア人にはまったく異なる顔を見せると思いますか。

「そのとおり。わたしたちもそう思います。イスラエルなども自分たちだけを犠牲者としている」

―その違いはどこから。アメリカのユダヤロビーにたいするドイツ側の配慮ですか？

「ええ、それはあるでしょう。……まあ、ドイツ人は反ユダヤと思われたくない。ところでドイツ人はポーランドになんの興味も持たんのです。ドイツに（短期に）働きに来るのはポーランドの労働者で何の学歴もない人たちですから粗暴な振る舞いもある。それがドイツ人のポーランド人像――大酒のみで泥棒――になる。トホロスキーは三〇年代に言っている。〝シベリアはベルリンのシュレージジェシシェ駅から始まる〟とね（シュレージジェシシェ駅は東欧・ロシア行き列車の発着駅であった）」

―つまりポーランドはアジアということですね。

「そうです！　かれらにとってわれわれはアジアなんですよ」

―ポーランド人にとってそれは最大の侮辱なんですね。

「あ！　いや、まあ……（苦笑）。――とにかくドイツの若者がワルシャワに留学することはない。

そんな所に行ったって何になる、とね。ドイツの政治家はそんなこと言いませんよ。きれいなことばかり言う。でも腹の中では馬鹿なポーランド人が問題ばかり起こしてと思っている。ロシアにはいささか違う。あそこは資源が豊ですからね」

―ポーランド人はこの件に不安を感じているのですか。

「不安、うーん面白い質問ですね。共産主義時代は不安を持つように仕向けられたが。西独の報復主義者がポーランドをつけねらっていると独カードを使って――。

これは是非言っておきたいのですが、ポーランドでは反独感情、ルサンチマン（怨恨）はほとんど消えかかっていた。でも二、三年前から人びとはふたたび神経を尖らすようになった、シュタインバッハ氏によって。ドイツで彼女の名前を知る人はあまりいません。いったい誰？　てね。でも彼女は連邦議員です。チンピラじゃない。多くのドイツ人が反追放センター構想はいい考えだというが、隣国はそれをどう思うか考えてもらいたい。いま、この構想は〝和解と赦しの網〟と変更したが単に字面をかえただけだ」

―彼女の背後には膨大な大衆が控えているという見方ですか。

「そうとも言えるでしょうね。彼らはさほど本気ではない。でもシュタインバッハさんにやらせてみよう、あわよくば、と」

―ＢｄＶやプロイセン信託公社の人びとは高齢で、この問題も自然消滅という声も。

「ええ、でも請求権は彼らの子孫が相続できる。ポーランドでも信託公社をつくろうかという動きもある。目には目を、という反応ですね。永久に続く（笑い）」

―この問題、どう解決できますか。

「ドイツは民主主義国だから自由な意見を持てるというが、BdVに国が財政援助を続けることが当を射たことかドイツ側にも考えてもらいたい」

―ポーランドの将来についてですが。

「私は楽観的です。EUという大きな家に加わることで、自国の近代化にかける費用が各国の分担になる。しかしEUがアメリカのようになるかはわからない。ポーランドはロシアとドイツからひどい目に遭わされてきた。残念ながら引っ越すことはできませんしね（笑い）」

―そうなるとポーランドのアイデンティティは。

「とても重要な指摘をされますね。（変圧器を使わず）電気を各国が共通に使えるのはいいことです。しかし文化は異なる。伝統は守らねば。このままでは世界がアメリカ化されてしまう。アイデンティティ＝健全なナショナリズムと。共産主義は理想論に脱し現実的ではまったくなかった」

―最後の質問です（笑い）。戦後、もしポーランドが強制的にソビエト陣営に組み込まれていなかったら、もっといい未来があったと思いますか。

「それはそうです。もし（アメリカの）マーシャル計画に加わっていたら、我われは西ドイツ並とは言わんが、オーストリアやフィンランドなどの他の西欧諸国並みの経済力は持てたでしょうね」

―西側からまた見捨てられた、という思い。

「ええ、そのとおり」

―ありがとうございました。

ポーランド週刊誌『WPROST』の表紙。シュレーダー独首相にまたがるシュタインバッハ氏。

〇三年九月、ポーランドの週刊誌『WPROST』の表紙に、馬のような姿勢のシュレーダー首相に跨るＳＳの制服を着たエリカ＝シュタインバッハ氏の合成写真が載った。これはドイツ市民の大顰蹙を買った。人びとはＢｄＶやプロイセン信託公社の問題など関心がない。その背景を知らずこの合成写真が突然大きくドイツでも取り上げられたのだから、いったい何を考えているのだろうポーランド人は、と不信感をさらに募らせた。

カチンスキー氏率いる保守・右派層がことあるごとに反独宣伝を、とドイツのメディアはいっせいに伝える。――☆〇四年夏の欧州議会選挙での「伝統的なドイツへの敵愾心」を煽るポーランド保守層。（ＦＲＺ、〇五年十一月二十三日）。ちなみに同記事の見出しは〝過去の悪用〟というものだ。

アグネチカ＝ラーダ（二五歳）さんはワルシャワ生まれ。ワルシャワ大学・政治学科を卒業後、〇五年九月からドルトムントで研究生活を送る。現在は博士論文の準備に終われる毎日だ。今年、このＢｄＶ・ドイツ人追放問題についての本を出版し、この問題についての講演のためライプチヒを訪れた同氏に話を伺った（インタヴューは〇六年十一月）。

―同じナチ犯罪の犠牲者でもユダヤ人に対する態度とポーランド人に対するものは違う。

「まったくそのとおりですね。ホロコースト（ユダヤ人大虐殺）は最悪の出来事でした。でも、ポーランド人も知識人など多くが虐殺されている。そのことをドイツ人は知らない。教科書にはのっているけれど」

—どこからその差が。

「ポーランドは共産圏にいたので西ドイツ人たちは冷戦思考もあり、そのことを調査することができなかった。もう一つはユダヤ人大虐殺は特別（な質をもつもの）だったため、調べていた」

—でも、いまは冷戦崩壊から十六年経っている。ドイツ人に変化はないが。

「ええ、いまもって同じですね。ドイツの政治家はナチがポーランドにしたことを知っている。だからポーランドのEU入りではドイツが一肌脱いだと言う。確かにそうですね。ところで、この追放問題はドイツの政治家にも大きな問題ではなくなっている。ユダヤ人に対してはなぜあそこまで——。なぜかわからない」

—私の考えですが、もし米国のユダヤロビーが西欧人と一緒にドイツ製品不買運動を起こしたらドイツは数カ月以内に破産する。だから——

「まったくそのとおり。米国のユダヤロビーは強いですね」

—でも、いまあなたはそれを言わなかった。反ユダヤ主義者といわれるからですね。

「そうなんです！　ポーランド＝反ユダヤというイメージが定着している。事実としてユダヤロビーの存在があって、その力で——ということがあっても、ポーランド人がいうとたちまち反ユダヤ主義者にされてしまう。他の人だったら別に問題はないのに。私はユダヤロビーがポーランドに対するドイツ側の謝罪を妨げているとは思いません。ポーランドには反ユダヤ主義はないと思います。個々人においてそういう人はいるでしょう。でも、それが大きな流れになっているとは思わない」

ポーランドのドイツに対する「化石のような不安」（LVZの批評欄、〇六年三月十日付）、「東ドイツ地域向けのEU補助金をポーランドに割り振ったドイツ側の寛容な態度」をもって「同大統領はそのドイツ像を変えなければならない。ドイツはEU最大の予算拠出国でもあるのだから」（同前）と手厳しいドイツメディア。

—EU最大の予算拠出国はドイツだと、頻繁に彼らは言う。ポーランドに対する脅し。

「ドイツの政治家は公にはいっていない。でも、マスコミにはそのような論調が見られますね。一つの国が〝予算を一番負担している国のいうことをききなさい〟というのはおかしい。EUの理念に反する。残念なことです」

—BdVが催す追放されたドイツ人の展示会〝強いられた道〟がある。なぜこのような動きがドイツで起こってきたと思いますか。

「BdVの人びとは高齢で組織は小さくなる一方です。だから、何かをしなければという思いがあるのでは。それにドイツの経済状況が良くない。失業者の増加など、外国人のせいにされる。それが自国の歴史を掘り起こす動きになる。昔は多くのことを達成したと。ナショナリズムの発生ですね。ポーランドの反独感情はBdVによってひどくなった。でも、一般のポーランド人はドイツ人が好きなのです。年々ドイツに対する好感度は増している。〝うちの娘と結婚してもいいじゃないか〟と。二つあると思う。政治レベルと庶民レベルと。政治では対立が深い。でも、庶民は親独なんです」(注4)

—ポーランド人はロシアとやっていくつもりはない。ただ、ドイツとだけ。だから問題から目をそらしているのでは。

「もちろんロシアとはやっていけない。ただ西ヨーロッパとだけですね。でも、最近はふたたびロシアに目を向けるようになってきた。（しかし）ロシア側は私たちをつねに下に見る。対等な関係が築けない。ロシアは難しいですね」

――ポーランド内のナショナリズムについて。

「ポーランドは国を何度も抹殺されたためナショナリズムを肯定的に考える。ドイツとはまったく違う。カトリックがポーランドのアイデンティティです。カトリックの伝統、歴史、ヨハネ＝パウロ二世とか。教会と愛国心が重なる。超保守のカトリックもいますが、進歩的なカトリックも多い。〝ラジオ・マリア〟だけではない。かれらが少数派だとは思いません。与党の閣僚も出演しているし。でも、信仰心の篤い若者たちも反面、（世界に向かって）開けている」

――ドイツ人がポーランド人を扱うようにポーランド人はウクライナ人を扱うと。

「おっしゃるとおり、おっしゃるとおり（何度も頷く）。ドイツではポーランド人が建設や介護の仕事に就き、ポーランドではウクライナ人がそういう仕事に就く。そうなると、その仕事に就いている人を見下す風潮が生まれる。いま、私はウクライナ人と一緒の企画にたずさわっています。かれらは教育もあり英語も話す。だから、そういう風に一緒に始めることが大事でしょうね。ウクライナ人＝清掃夫ではない。私たちの仲間だと。でも、偏見は長く残るでしょう。だからエリートから始めないと」

――大ざっぱにいえば、ドイツはポーランドのナショナリズムを刺激し、ポーランドはウクライナのナショナリズムを刺激する？

「そうです。確かにおっしゃるとおり。（でも）私たちエリートがもうEUの時代だと認識すれば変えていける。」

—ポーランドで至る所にドイツの大型安売店を見ました。多くのポーランド人はポーランドはすでにドイツに植民地化されたと危惧しているようですが（私がポッナニに滞在した時宿泊した場所から街の中心地まで市電でおよそ二〇分。その間四つのドイツの大型安売り店を確認した）。

「多くの人は大げさに考えている。私は逆だと思う。ドイツの経済人と話すんですが、彼らは一様に〝ポーランド人はよく働く。ポーランドは有望だ。〟と。そして〝私たちは仲間だ〟という。だからポーランドは植民地ではありません。ところで、ポーランドは独自の道を見つけなければ、将来は単にEUの隅っこにある国になってしまう」

—あなたにとってドイツで一番苦痛なことは何ですか。

「私自身はいい経験ばかりです。——一つ挙げるとすれば、よくきかれるのは博士課程修了の後は〝ドイツに残るつもりですか。それとも帰国するのか〟と。それは単なる問いなのか、それとも〝私たちの仕事を奪うのか〟という質問か。……ほとんどの外国人がこの質問をうけたでしょう」

—では、博士課程修了の後は何をされますか。

「ポーランド・ドイツ・ウクライナ関係の研究機関か団体で働きたいですね」

以前、東ドイツ出身で左翼党の看板政治家グレゴ＝ギジー氏が「バイエルン州の知事が東ドイツ出身でも誰も話題にしなくなったとき」東西ドイツの関係が正常化したといえると述べた。あるポーランド人の男性は「ドイツ人の女性が清掃婦としてワルシャワのある家庭で働く事が当たり前」となったときポーランドとドイツが普通の関係になったといえると語った。

ポツナニ

ポーランドという国は面白い国だ。何度も国を抹殺されたこの国の人びとはしたがってつねに強いナショナリズムを志向し、共産党政権時代も例外ではなかった。中世のポーランド王国は現在のベラルーシとウクライナの大部分をその版図とする大国だった。その誇りと、十八世紀以来、ロシア、プロイセンなど大国に翻弄されつづけた屈辱感が彼の国の人たちに同居する。この国の人びとには劇的な形で優越感と劣等感が共存する。その彼らが、いま不安な目を隣国に向ける。何を始めるのかドイツ人たちは……。

独・ポ関係を取材するに当たり多くのドイツ在住のポーランド人に話をきいた。今回はポーランドで地元の人の意見を聞いてみよう。知人がポーランドで日本語教師をしており彼女を頼って〇六年五月、私はポツナニに向かった。ベルリンから鈍行列車で約四時間かけていく。

ヴォルタ川に臨む河港市であるポツナニは古くからの商業都市で毎年六月に国際見本市が開かれる。人口は約五七万人（〇四年）、面積は二六一平方キロである。一九五六年に同市で起こった反政府暴動は政権交代の引き金になった。

ドイツ・ポーランド国境近くのドイツ国内の駅。ドイツ語とポーランド語の表記。

十世紀前後に形成されたスラブ人の集落がこの市の起源とされ、十世紀後半、ポーランドで最初のカトリックの司教座が置かれた。ドイツ騎士団の東方進出に伴い多くのドイツ人たちが入植してくる。十八世紀後半、プロイセンは同市を含むポーランド領の一部を併合した。その後ポーランドが独立を回復するまでの約一三〇年の間ポッナニは、ポーゼンとよばれるドイツ人の市として栄えた。同市出身の著名人にワイマール共和国の第二代大統領パウル＝フォン＝ヒンデンブルク（一八四七〜一九三四）がいる。ユンカー（貴族）出身の軍人で第一次大戦の英雄としても知られ、ヒトラーをボヘミアの伍長と軽蔑したことでも有名だ。

戦後ポーランドは十八万平方キロをソ連に割譲させられ、一〇万三〇〇〇平方キロをドイツから獲得した。「戦勝国（のポーランド）が領土を減らされるという歴史上前代未聞の事態」(注5)が起こった。戦後、ポーランドに編入されたドイツの各都市は改名された。ドイツではいまでも当時のドイツ名で呼ぶことが多い。テレビの報道は次のように伝えた。「ダンツィヒのドイツ時代に建立された教会が火災にあう――」。ダンツィヒはポーランド名グダニスクのことなのだが。

街中を散策する。九〇年代初めに一度わたしはここに来たことがある。好きな街の一つだ。街にはポーランド人しかいないのか、と思うぐらい外国人の姿は少なかった。ライプチヒに来た西ドイツ人が、「ここはドイツ人ばかりだ」と驚いていた。なにわけのわからんことを、と思ったが西ドイツに行きわかった。バスの運転手はイタリア人、店員も明らかに南欧系を初めガイジンと見える人でいっぱいだ。その東ドイツよりさらにポーランドでは外国人が少ないように思える。少なくとも非欧州系は稀にしか街で見ない。

知人の紹介で、数日間の宿を提供してくれた二〇代半ばのダニエルさんは、日本に旅行したこともある親日家だ。壁にヨハネ＝パウロ二世に謁見している彼の写真が飾ってある。どうしたの、ときく私と彼との間で、乏しい英語でやりとりした結果つぎのことがわかった。

数年前、彼が庭で芝刈り機を使っていた所感電し意識を失った。故人である一人の尼僧が現れ彼に呼びかけた。それに答えダニエルさんは意識を取り戻す。高圧電流で片手の機能を失った彼は機能回復訓練の一つとして日本のマンガを描き出した。

さて、ダニエルさんのこの話が地区の教会を通してバチカンに伝えられた。本来なら即死していたはずの彼と、その尼僧の話。当時、ローマ法王ヨハネ＝パウロ二世は側近に「現代の奇跡」を探すように下命していた。バチカンから医師を含めた調査団がダニエルさんのもとに派遣された。その芝刈り機も調べられた。調査報告書が出た。その報告書を今度は別の専門家たちが入念に検討する。ダニエルさんが死ななかったことは奇跡だと判断した。ダニエルさん一家はローマに招待され法王に謁見した——。

ポツナニのアダムスケビッチ大学日本語学科の教師をつとめる日本人女性F氏の協力を得て同大学の日本語学科とドイツ語学科の学生、教師諸氏に話をきくことができた。

F氏の好意で日本語学科の三年生たちと話す機会を得た。教室には八人の学生がおり男子は二人だ。日本語を学ぶ動機をきくと、漫画や村上春樹の小説に感激してという声が多かった。小松左京の名も挙がった。いずれもポーランド語に訳されているそうだ。

小泉首相の靖国神社参拝が話題にあがった。私は言った。

「日本と韓国の関係は、ドイツとポーランドの関係に近いものがあります。A級戦犯の祀られている靖国に参拝することは、ドイツの首相がヒトラーの祀られている場所にお参りにいくようなものなのです」

生徒たちは息をのんだ。「反対はないのですか」と女学生がきく。

「賛否半々ですね。みなさんも日本について学ぶなら、その隣国から日本を見るのもおもしろいでしょう」

それでは、本題に移ろう。わたしは最初に、エリカ＝シュタインバッハを知っている人、手を挙げてというと全員の手が挙がる。で、と意見を求めたが反応がない。これはドイツ語学科の学生たちも同様だった。拍子抜けした私に逆に彼らからドイツ側の反応について聞かれた。

「ドイツ側は、ポーランド人が文句ばかり言って、と怒っています。ポーランドのEU入りは、ドイツの援助がなかったら不可能だったのにそれにも感謝をしないと」

学生たちは息をのんだ。これはドイツ語学科の学生もそうだった。

一人の女学生が救いを求めるような調子で「悪口だけですか、ポーランドのいいことは言っていませんか」ときく。

私は言った。

「多くのドイツ人の男性が言ったのは〝ポーランドの女性は美しい〟ということです」

わっ！　とこれにはすごい反応があった。

ところでドイツに行ったことのある人、ときくと八人中五人が手を挙げた。で、どうでした。答えが返ってきた。たとえば、ある女の子は次のような経験をした。

彼女が、西ドイツに住む友人を訪ねたときだ。大型食料品店で買い物をする前、友人は言った。「店では絶対にポーランド語は話さないで。英語かドイツ語にしてね」。うっかり彼女はポーランド語で「キュウリはどこ」と言った。警備員たちがすっ飛んできた。そのあと彼らは彼女たちの一挙手一投足をみていた。

ドイツ語学科の女学生の場合はこうだ。彼女が西ドイツ人の家庭に十日間滞在したとき、近所の人がその受け入れ先の人にいった。

「お金や宝石はちゃんと隠しておかなきゃだめよ」

べつの女の子は、道端に立つポーランドの肉体労働者たちの前を車で通り過ぎた際「あなたの国の人でしょ、挨拶しないの」と同乗の西ドイツ人から言われた。「あんな恥ずかしい思いをしたことはない」と小柄な女学生は声を震るわせた（この場合、女学生に一言いいたい方もいるかも知れないが私は必要ないと思う。ドイツで日本人の観光客を見たとき、ドイツ人から挨拶しないのかと言われ嫌な感じをうけた。見知らぬ観光客でも日本人だから〝同じ〟でしょ、といわれたような粗雑な発想を相手から受けたのだ）。

念のために、彼女たちの「ドイツ滞在は良いことがほとんどだった」ということもつけ加えておこう。

多くのポーランド人の学生たちと話したが、強制移住者記念館やシュタインバッハ氏について知らない人はいなかった。しかし「昔のこと」とする学生がほとんどだ。一人だけ、ドイツ人に対する心配を口にした日本語学科の女学生がいた。

マルタ＝アレンさんグダニスク（ダンツッヒ）出身の二三歳だ。

子どもの頃、夏になると街に多くのドイツ人がやってきたと彼女は話す。

「自分の家の前で知らない言葉をしゃべっている人たちが集まっている――不安でしょう。かれらは写真を撮ったりしていた。私の家はもともとドイツ人の所有だったのでうちではとても心配した。子どもの頃は、そんなドイツ人たちの後を追って〝人殺し〟って罵った。ポーランド人とドイツ人、これは遺伝子でつねに戦いね。政治に興味がなくともドイツに対する不安は誰もが持っている」

ドイツでポーランドの〝ラジオ・マリア〟や反ユダヤ主義について報道しているけど――

「それは本当です。本当じゃないとはいえない。私、じつはユダヤ系なんです。最近、ユダヤ教に関する本を読み出して、友達にそんな物読むのはやめなさいとか、ユダヤ人であることは隠したほうがいい、とか言われる。恋人にも、人前ではそれをいわないでといわれた。わたしは笑っていました。馬鹿馬鹿しいと思って。状況によっては隠すかもしれません。わたしは戦前のポーランドが好き。いろいろな民族がいて」
将来については、
「ポーランドでやっていきたい。フランスにいっても仕事はないし。去年アイルランドにいきました。EU市民として。もうたくさんのポーランド人がいて地元の人からあまりいい顔されていなかった。まあ、いきなりポーランド人がわっとくればね。ウクライナ人がわっとポーランドにきたら私たちもそう思う。将来は画廊を経営したり文化関係の仕事をしたい。いま、二つの日本企業に就職の応募をしている。ポーランド人にとってはとてもいい給料三〇〇〇ズロチ（約十三万円）です。イギリスでも女給をすればそのぐらいはもらえる。だったら、わざわざイギリスに行く必要はないです」

ポーランド人は、ドイツにさぞ怒っているのだろう、と思い込んでいた私は学生たちの意見に肩透かしを喰ったようで釈然としなかった。「知識人」たちの意見をもっと知りたいと思った。手当たり次第、というわけではないが、インタヴュー可能な方々にお願いをし話をきいた。

同大学の日本語学科の准教授アカデウツ＝ヤブロフシキー博士は「一時間ぐらいなら」とインタヴューに応じてくださった。

昭和四五年（七〇年）生まれです、と自己紹介をする氏はやや早口で流暢な日本語を話す。氏は、BdVは大問題ではないとする立場だ。

「ドイツはポーランドのEU入りではたいへん助けてくれた。それは事実です。大事なのは将来でしょう。ポーランドが戦後、ドイツ人を追放したのは事実です。ここから一〇〇キロ離れた所へ行けばドイツ風のたたずまいを残す街があって——赤煉瓦造りの家とかね——それを見ればかわいそうにとも思うしドイツ人の気持ちもわかります。——（追放は）ロシアに強制されたんですけどね。ポーランドも謝るべきところは謝って、ＥＵの一員同士将来に向かって考えるべきでしょう」

——それはポ・独双方とも思っている。しかし、ではなぜあえてＢｄＶなどの問題がドイツ側から出されるのかと、ポーランド人は思っているのでは。

「たしかに最近の報道では、ドイツ人は自分たちを犠牲者として扱っていますね。これはポーランド人も怒る。私だって怒る（笑い）。怒るというより嘘ですね。しかし私個人はいろいろあってもドイツと一緒に未来を築くしかないと思っています」

——いま、ポーランドやロシアなどで極右が台頭している。彼らはナチを支持していますね。ナチはユダヤ人やボルシェビキをやっつけるために立ち上がったと。

「貧しくて学歴のない人がそういう意見をもつ。ロシアにはそういう人がいる。ポーランドにもいなくはないが、ここは自由の国なんです。カチンスキーが大統領になったとしてもね。ロシアのプーチンは尊敬されている。彼はロシアのことしか考えない。そういう国でナチス信者が生まれるのは驚かないですね。去年の十一月にロシアはポーランドからの肉製品の輸入を止めました。理由もなしで。ポーランド人はドイツよりもロシアに対する漠とした不安がある。あの国は果たしてヨーロッパなのか。ドイツはポーランドに謝罪したけど、ロシアはわれわれに謝罪していない。追放されたドイツ人たちが追放した国を憎むのはまだ理解できますね。でもロシアの場合は予測がつかない」

私が接した学生たちのドイツに対する怯え、ヤブロフシキー博士に代表されるドイツと事を構えてどうなる、ロシアとやれるのかという意見は源を一つにしているのではないか。かれらのドイツ観は常にロシアとの関係で決まる。

ドイツには昔のことと水に流すが、ロシアには決して昔のこととして水に流しはしない。たとえば一九四〇年夏のカチンの森虐殺や四四年のワルシャワ蜂起のことだ。ただただ怨嗟の声ばかり。ドイツとは軋轢を極力さけたい。反発と怯懦、これがポーランド世論の対ドイツ観のようだ（大衆はドイツに反発し、知識人層は協調しようとする）。

ポーランド社会全体に格差が拡がりつつある。非常に気になったのは彼らが自国の労働者について語るときのあからさまな軽蔑だ。「学歴のない貧しい労働者」が現大統領に投票した、という言葉を頻繁に聞く。この国はいま高度経済成長期を迎えている。日本でいえば六〇年代か。教育は単に立身出世の手段だ。社会主義時代、労働者が医師と変わらない給料を貰っていたことに対する反発も労働者憎悪に一役買っているようだ。同大学の日本人教師の男性は、学生たちと飲みに行ったとき、あの飲み屋は労働者が来る所だから、と嫌がる学生がいると話す。憎悪の主因は、外国でのポーランド人労働者だろう。「大酒飲みで泥棒」の人も中にはいる。彼らが対外イメージを損なっているという、歯ぎしりだ。二極化するポーランド社会、その中で起こったＢｄＶ問題である。

さらにポーランドのナショナルズムを理解する上でその国民性を指摘する人も少なくない。同大学の日本語学科講師のベアータ＝ボホロビッチ氏（三八歳）もその一人だ。十三年間日本に住み最近帰国したばかりという彼女は、久しぶりの祖国のＢｄＶ問題での同胞の反応に違和感を覚える。それはポーランドはつねに犠牲者だ、とする考え方だ。

「これはポーランド人のアイデンティティ（存在証明）になっている」

「ドイツは加害者だったが、被害者の面もあることを伝えるべきです。ドイツ人と話すと、かれらは戦争犯罪を徹底的に教えられている。若者もそれについて責任感を持つ。私からすればやりすぎだと思う。若者たちは戦争とは関係ないのですから」

―一般のポーランド人は、加害者のドイツが被害者ぶってと怒っている。

「それはそうだろうと思うけど、すごく狭い考え方。日本も、〝日本は朝鮮や中国でいいこともした〟と言って彼らを怒らせているけれど、ドイツは過去を徹底的に清算したからもう充分だと思います。だからドイツ側の被害の面も顕彰する必要がある」

―ユダヤ人には平身低頭、ポーランドにも謝罪はするが、あれは口先だけとポーランド人の多くは思っているのでは。

「私から見るとポーランド側の劣等感だと思う。ポーランドはつねに被害の歴史を強調する。ドイツやロシアに侵略されて――。日本もそうですね、つねに被爆のことばかりで」

ドイツは信用できます、と氏は語る。

これは日本と比べてという意味ではなく、「ドイツに対する信はあるんです」。

「EUでもポーランドは人口もあるし、ベラルーシやウクライナなどのEU加入を視野に入れ行動すれば未来はある。（注6）それにはポーランドもウクライナ、リトアニアにひどいことをしたことを認めること。ドイツに見習って、これらの国にきちんと謝罪したほうがいい。過去を清算してこそ未来がある。そのほうがポーランドにとっても得になるんです」

この問題を巡って友人たちとしばしば大喧嘩になるという氏の意見はポーランドのある階層の気持ちを代弁しているようだ。

氏らの話のなかに二種類のナショナリズムが見える。独・露には「犠牲者」――悲劇の民族としてのナショナリズム――で、ウクライナ、ベラルーシには「親分」として臨む大ポーランド主義だ。ウクライナ人には「くさい、きたない」と嵩にかかって差別する。ポーランド人の学生がいみじくもいった。ウクライナなど「眼中にない」。

犠牲者としてのアイデェンティティは、「何でも人のせいにする」という他国からの評価を生んだ。同大学の日本人教師の方々からつぎのような話をきいた。

商売や何かでうまくいかないときは相手のせい。なぜ嘘をつくの、ときくと自分の育った時代のせいで。なぜ、怠けるの、ときくと、共産主義のせい。ドイツやイギリスに文化事業で支援を求めるとき、彼らが支援するのは当然だという態度。あんたたちは我われにさんざん煮え湯を飲ませたのだからと。

またその国民性を語るのに嘘のつき方がある。ポーランド人は「壮大な嘘」をつく。たとえば、ある人から電話がくる。話たくない場合Aさんは、家人に前もって言っておく。いまAはBさんのところでこういう用事ででかけている、というのはBさんはいま大変な問題を抱えていて、その問題とはつまり……。「念のいった嘘」とポーランド人と結婚した日本人教師の女性は表現した。

ポーランド人にいわせると相手の面子を潰さない配慮だという。また物事を曖昧にする。恋愛関係でも、別れるときははっきりいわず、いま時間がないから、という形で徐々に距離をとっていくのだそうだ。

「打たれ弱い」とは日本人の男性教師のポーランド評だ。ポーランド人も、私たちと同様に自分が差別されると顔色を変えるが、するのはかまわない人が少なくない。アジア人に対し軽蔑をほのめかす人もいる。「ではきみたちは――」と彼が突っ込むと「たちまち黙ってしまう」。その言葉の背後にはポーランドに対する無数の罵言が控えているのを知っているから。

「あ！　ポーランド……」という言葉を私は何度も耳にした。市電に乗っているとしばしば故障する。乗客たちも馴れているのかさっさと降りる。この話を学生にすると、「あ！　ポーランド……」。

一方、ドイツ側は着々と事を運ぶ。与党の有力な政治家たちがある企図の実現に邁進するとき、それを挫くのは反対派の政治家か民衆の広汎な反対運動が必要だ。大衆は無関心だ。ソ連・東欧の戦争被害についてほとんどやらなかった成果だ。

〇八年四月、ドイツ政府は強制移住者に関する常設展設置を正式決定した。

※

カチンの森事件（四〇年）とはソ連占領下のポーランドでポーランド人予備役将校ら四〇〇〇人が虐殺された事件を指す。一九四三年四月、ナチは占領下のポーランド・カチンの森で四〇〇〇人を超える死体を発見した。別の場所でもポーランド人将校の死体を発見した。ナチはボルシェビキの犯罪と糾弾、いっぽうソ連はこの虐殺をナチの仕業とした。のちにソ連の仕業であることが判明した。ワルシャワ蜂起は四四年夏、ナチ占領下のワルシャワ市民たちが決起したがドイツ軍に鎮圧された。街の対岸まできていた赤軍（ソ連軍）は蜂起を助けなかった――。

　歴史の事実としてカチンの森虐殺を決行したソ連は、その二〇年前ポーランド軍のキエフ占領を記憶していたろう。革命で内戦に陥ったソ連、その間隙を縫ってポーランド軍はソ連領内深く侵攻した（ポーランド・ソ連戦争。一九二〇～二一年）。殺されたポーランド人将校の多くがこの侵攻に参加している。将来ふたたび彼らが、とソ連側が考えても不思議ではない。だから虐殺は仕方がなかったというのではない。ただ、多面的に物を見ることで「恐怖の三点揃い」――スターリン・ロシア・共産主義――ですべての悪を説明する勇敢な反共主義者の論理――欧米ではこれ以外の解釈を許さないほど人々の思考を規定している――に多少は注意できるだろう。(注7) ワルシャワ蜂起にしてもしかり。ポーランドの蜂起軍とロンドン亡命政権は反共であり、首都が赤軍の手で解放されることを望まなかった。だからワルシャワ市民に蜂起を命じたのだ。赤軍は敵だが自分たちを助けナチと戦い血を流せと要求する。論理的とはいえない。無謀な作戦を強行し、死ななくてもよい何十万人者の人たちを犠牲にした亡命政権と蜂起軍司令官の責任は、非情なソ連軍とともに検証されるべきだろう。カチンスキー政権はいまこの蜂起を聖戦にしようと懸命だが。


　わたしはライプチヒのポーランド学院のマルニスキー所長を再訪した。インタヴューは〇八年二月だったが、常設展設置に関してはこの時点では既定の事実だった。ただ常設展の場所が未定だった。「ポーランドは譲歩したようですね」の私の言葉に氏はややムッとした。

氏は言った。

「もちろんポーランドの対独感情は悪くなったが――。しかし、これ（常設展）の受け入れはやむをえない。ベルリンはホロコーストと追放の記念碑だけになる。ちょっとおかしいですね。この二つで先の大戦を代表させるのは。いま、ポ・独関係は好転した。常設展の問題が決着しましたからね。しかし問題は残っている」

―昨年（〇七年）秋のポーランドの国政選挙で政権交代があった。ドイツでは善玉（トゥスク現首相）が悪玉（カチンスキー首相・当時）をやっつけたといわんばかりの報道でしたが。

「ええ、そうですね。（笑い）ドイツ人は繊細で子どもじみている。カチンスキーをナショナル・エゴイストとし問題児扱いしている。彼とは別に問題はあるのに。EU諸国は仲間だというのはいいことです。でも、将来問題が再浮上して、すでに解決済みと思っていたのに――と（なりかねない）」[注8]

〇七年にポーランドで評判を呼んだ本がある。〝不安〟という題名のこの本は終戦直後のポーランドの〔ユダヤ人〕を鍵とし描く。[注9]

―ドイツ側からの反ユダヤ主義への非難でポーランド人自身落ち着いて自己の歴史を検証できないのでは。

「ドイツ人による（相手を）〝侮辱する喜び〟ですね。あまり上品とはいえませんが。（笑い）しかし、ポーランドではこの〝不安〟という本について公に論争されている」

（つい最近まで、ポーランド側はドイツ側の「ユダヤカード」に激しく反発するばかりだった。ここ一、二年の間、同国でも、自国の負の歴史について冷静な検討が始まっている）。

〇八年一月二十二日の日刊紙『ベルリーナー・モルゲンポスト』は、ポーランドのボーリンという島で四〇人以上のドイツ人の遺骸を発見と報じた。同紙はポーランドの歴史家の意見として、戦後間もない頃同島に住むドイツ人たちがポーランドの反共蜂起軍によって殺された可能性があると伝える。

—ポーランドの歴史家が何かを発見した場合、ドイツ側に利用されるという不安は……。

「そういう時代は過ぎ去りました」

—ポ・独の若者たちの交流についてですが。

「多くの人がポーランドを訪問するのは良いことです。一つの例外を除いて。イスラエルです。彼らは高校生をアウシュビッツに連れていき強制収容所を見学させるだけ。そのポーランド訪問は一定の方向に向けられる。反ユダヤ主義、危険、野蛮、それがポーランドというわけです。地元の若者たちとの交流もない。それに比べポ・独のほうはずっと良い。若者たちはホロコーストや追放の話などしない。音楽のこととかそういう話です。これはいいことだ。歴史は忘れてはいけないが将来を見据えていかなければなりません」

独・ポ関係の取材で難しいのは、日本の読者にどうそれを伝えるかという点に尽きる。ドイツ人が日韓関係を伝えてもドイツ人の読者にとって双方とも異国なので独日関係より理解が難しいだろう。しかし、近年の独・ポ関係と日・中韓関係は驚くほどの共通性がある。ドイツも日本も隣国との軋轢に、相手国の国内事情を第一に挙げている。……

ポーランドとチェコを合わせるとドイツの輸出入全体の約六・五パーセント（〇七年）を占める（『年鑑2008』ドイツ統計局）。これは日本にとっての韓国（約六パーセント）にほぼ匹敵する（『世界各国間貿易統計2008』オムニ情報開発株式会社)。両国が組むとドイツにとって少々面倒だ。まして反独感情が東欧にばらまかれたら……。ドイツが苛立つわけだ。

私はドイツ滞在中、独・ポ関係の新聞記事の切り抜きをする。ずいぶん集まった。それを読んでいくとドイツ側のある傾向に気づく。ポーランドの反独、カトリック教会の強さ、反ユダヤ主義の三つの強調だ。隣国の「民度の低さ」の証明に照準が合わされている。もちろん、ドイツ・ポーランドの友好や両国国境都市での合弁企業立ち上げといった記事(たとえば『ザクセン新聞』〇八年五月七日付)も散見する。しかし圧倒的な量は両国間のアツレキに集中している。(インターネットで独・ポ関係の記事の検索ができる。www.faz.net あるいは www.spiegel.de)

それでは、ここ四、五年の独・ポ関係で右記関連の記事を幾つか紹介しよう。

駐ポ・イスラエル大使、教育相との会談を拒否(同教育相の反ユダヤ発言に抗議)(FRZ、〇六年七月十日付)。

ポーランドの飲料会社が聖書の一節を宣伝に使う。教会はこれに抗議(『ザクセン新聞』〇七年十二月一日付)。

〝ポーランド国内で悪魔に憑かれた人の数が急増〟。スチェチン近郊のある村で、教会が悪魔払いの祈祷所を設ける意向――。(『マルキッシャ新聞』〇八年一月四日付)。

〝ポーランドの競技場で人種差別的な標語〟。場内の極右の乱暴狼藉振り。〝働けば自由になれる〟とのナチ時代の絶滅収容所での文句が標された横断幕を掲げた人たち(『ザクセン新聞』〇八年五月六日付)。

　こんな記事もあった。〝ドイツ側は自分たちもポーランドに対し賠償要求をしないとすることで昨日お互いに納得した。〟(日刊紙 Hannoversche Allgemeine Zeitung、〇四年九月二十八日)。――これは、ポーランド側の戦後賠償要求に対し、ドイツ側は旧ドイツ領内のドイツ人財産の補償を求めず、プロイセン信託公社の訴訟を支援することはないという意味だ。これに関してはつぎの記事もある。〝ベルリンはチェコに対する要求も拒否する〟の見出し。小見出しで〝首相はドイツ人追放者の訴訟を支援しない・将来の課題が重要〟(SZ、〇四年十月五日付)。

　ドイツが侵略したポーランドやチェコに賠償要求をしないこと――被害国に賠償を求めるという発想――が、またそれを「しない」ことがえらいことのように書かれている……。

　ところで次の二つの記事が私の目を引いた。


　BdVの幹部に多くの元ナチがいる(との指摘に)エリカ＝シュタインバッハ氏は、それを調査する資金などないとしていたが――。〝銀行や労働組合などでもそういう人は見つけることができる〟と同氏。

　ポーランドで人権侵害――表現の自由が危うい。

(FAZ・SZ、〇六年八月二十一日付)


　記事の配置には編集部は神経を遣う。元ナチがいるという記事の隣(FAZ)にポーランド国内での言論統制の動きを伝えるＦＡＺとＳＺ（は記事の真上）。ＦＡＺは保守系、ＳＺは左系で、両紙とも高級紙で知られる。この記事の配置を見て、あっと思った。ドイツの非民主的な事柄と、ポーランドのそれとぶつけ相殺しようとしているのか、と。

ドイツのある報道番組の一こまだ。わたしの備忘録から紹介しよう（〇六年十一月）。

独・ポ間の友好に貢献したとドイツ政府から勲章を授与されたポーランド人のある芸人は、〝一般のポーランド人はドイツ人に対して敵意などない〟と流暢なドイツ語で語る。司会者の〝では、なぜカチンスキー氏が当選したのか〟の問いに、経済格差の是正や安定を国民が望んだから、と答えた。ドイツ世論に沿った回答だったが、本質を外していると私には思えてならなかった。

ヴィショー＝Ｐさんはワルシャワから北東およそ一五〇キロ離れた村の出身だ。一九六七年生まれの彼は東ドイツのフンボルト大学に留学、卒業後はベルリンのロシア系の運輸会社で事務員として働いている。彼とは私が東ベルリンの学生寮に住んでいた頃（九一年〜九三年）からの知り合いだ。ヴィショーさんも敬虔なキリスト教徒で、ヨハネ＝パウロ二世について「教皇様のような神聖な方を批判するなど許されない」といっていたのを憶えている。長らく無沙汰していたが、かれが同性愛者になったと人伝に聞き驚いた。もっと驚いたのは、数年ぶりに会った彼が、ヨハネ＝パウロ二世を「あのクソ野郎」と罵倒したことだ。周知のようにカトリックでは同性愛者を「異常な人」として排撃している。ポーランドという国の保守性、後進性を憎むこと人後に落ちないヴィショーさん。政治、歴史に造詣の深い彼との会話をわたしはいつも楽しんだ。時に激しくぶつかり合うことがあっても。〇七年の暮れ、二人の間で〝激論〟が交わされた（Wはヴィショーさん。Hは筆者）。

W「BdVが、ドイツ人追放の歴史を顕彰しようというのは当然だ。だいたいポーランドはいつまでも過去のことばかりいって前に進まない。永久に被害者だ」

H「今度の件はポーランド人が始めたわけではあるまい。ドイツ側が挑発した。ところで、ドイツ人のきみたちに対する日頃の態度を見ているととても先の大戦を反省しているとは思えない。まさに〝ポーランドの貧しさにつけこむ〟（ポーランド元外相。FAZ、〇六年八月十二日付）ということだ」

W「でも、いつまでも戦争のことを言っているわけにはいかんだろう」

H「まったくそのとおり。でもね、ドイツ人はユダヤ人大虐殺については、決して忘れてはいけないというが、ポーランドには〝未来志向でいこう〟とやる。もう昔のことをいうなといわんばかりだ。カチンスキーを支持する人たちはドイツにある胡散臭さを感じ取っていると思う。つぎに何が来るのかと心配している。大統領をたわけ者扱いして済む話じゃない」

W「しかし、そのカチンスキーを見ろ！　やつはドイツの新聞に諷刺されたと首脳会談を拒否した。そんなレベルだ」

H「そうだ。まったく大統領の態度は幼稚だ。カチンスキーが怒ったのを見てドイツ各紙は、大人気ない、言論の自由を理解していないとさんざんだったが、彼らはイスラエルの首相は諷刺しない。な、ちゃんと相手を見ているんだドイツ人は――」

W「もう、やめた！　おまえと話しているとポーランドの極右と話しているようだ」

ヴィショーさん（左）と彼氏のラルフさん。ブルガリア旅行での写真館での記念撮影（ヴィショーさん提供）。

私は思わず吹き出した。憮然とする彼を尻目にわたしは続けた。

H「ところで、きみはケラー大統領がBdV主催の〝故郷の日〟の大会に出席（〇六年九月）したのを知っているだろう」

この大会に大統領が臨席したことにポーランド側から強い非難が起こった。「ワルシャワはケラー大統領の大会出席に激怒」（FAZ、〇六年九月四日付）——当時のドイツ各紙を幾つか見てみよう。

「同大統領は、大会でプロイセン信託公社に補償請求を断念するよう求めた（にもかかわらず）ポーランドは疑いつづける」（『ディ・ヴェルト』〇六年九月四日付）。「同大統領、追放は三九年九月一日に始まったと言明。（この日はドイツのポーランド侵略の日。ドイツ占領下のポーランドでドイツ軍により初めにポーランド人が追放されたという意）。それでも出席を非難するポーランド側の反応は嘆かわしい」（FRZ、〇六年九月五日付）。

H「つまり、大統領はプロイセン信託公社に請求を断念するように求めた。しかし、BdVの大会で信託公社の話をするのはお門違いだ。かれが記念館建設反対を言うのなら別だが。また一方で大会に出席することでBdVにお墨付きを与えた。ドイツ政府は、BdVは私的機関だから政府は関与しない、とポーランドの非難をかわし、一方では補助金は出すわ、大会には時の大統領、首相が駆けつけるわで、たいへんな力の入れようだ。なぜこうまでするのか。東部ドイツ領を失ったことでドイツ人にはロシア・東欧に対し〝お相子〟という意識があると思う。いや、お相子といったけど、ロシア兵や東欧人たちから受けた残酷な扱いと領土を失ったこと、そこからナチ犯罪を差し引いてもまだドイツ側は貸しがある、といった感じさえ受ける。さらにいえば、未開の東ヨーロッパ地帯を文明化してきた八〇〇年の恩を、わずか五、六年のナチ支配をもって忘れてもらっては困る、つまり――」

私は言いかけてヴィショーさんの顔を見た。

もうやめたほうがよさそうだ……。

注

注1　ベルリン声明。「――あなた方は追放問題を清算できるし、その機会がある。――略――ドイツ並びに私たちはあなた方をEUに迎え入れるために援助を惜しまない、が、そのためには――」とシュタインバッハ氏はポーランド、チェコに追放問題を清算するように呼びかけた（一九九八年九月六日、ベルリン。故郷の日大会にて。BdV会長エリカ＝シュタインバッハ）。

注2　エリカ＝シュタインバッハ。一九四三年、ポーランドのルミア（当時のドイツ領）で生まれる。一九九八年からBdV会長。

注3　月刊誌 POLEN und wir, Heft 2/2006, 23 ZEITSCHRIFT FÜR DEUTSCH-POLNISCH VERSTÄN-

DIGUNG Verlag und Herausgeber: Deutsch Polnische Gesellschaft der Bundesrepublik Deutschland e.V. より。

注4　ドイツ人男性と外国人女性の結婚はポーランド女性が一位で、タイ、ロシア、ルーマニアとつづく。（日刊紙『ベルリーナー・モルゲンポスト』〇八年三月十六日付）。

　ポーランドにとって一番重要な相手国はドイツ。ポーランドの世論調査で回答者の半分がドイツを一番重要とした（SZ、〇七年十二月十一日付）。

注5　Vertreibung und Deutsch-Polnische Geschichte. Jan M. Piskorski fibre Verlag, Osnabruck 2005。

注6　ポーランドの人口は三八一〇万人でEU内で第六位。一位ドイツ八二一〇万人、二位フランス六四一〇万人、三位イギリス六一六〇万人、イタリア六〇一〇万人、スペイン四五九〇万人（〇七年。）

注7　〇九年一月、カチンの森事件の調査中止を決めた軍検察決定に対するポーランド人遺族の申し立てをロシア軍事裁判所は却下した。遺族は欧州人権裁判所に提訴の意向。〔（ポーランド政治・社会情勢newsmail@emb-japan.pl）FAZ（〇九年一月三〇日）に関連記事が掲載〕

注8　〇九年二月、反追放センター（逃走・追放・和解）財団理事にシュタイバッハ氏就任へ、の報にポーランド政府は猛反発。ポーランド紙Polskaはポ・独間の新たな対立と報じる。（FAZ、〇九年二月二七日付け）。「善処を求める」トゥスク首相（『シュピーゲル』〇九年三月二日号）に、シュタインバッハ氏は就任を断念に追いこまれた。トゥスク首相への評価が国内で高まる。（FAZ、〇九年三月五日）

　〇九年五月二五日、CDU／CSUの与党は、第二次大戦後のドイツ人追放に関し、「あらゆる類いの追放は国際的に非難されるべきである」との内容を含む声明を発表。これに対し、カチンスキー「法と正義」党首は、「史実を歪曲する行為」と非難。トゥスク首相は、同氏の発言を不適切とする一方、ポーランドは、ドイツ人の追放を含む大戦による影響の責任がナチス・ドイツにあることを承知している旨強調（ポーランド政治・社会情勢 newsmail@emb-japan.pl）。

一方、ドイツ側は、欧州議会選挙（〇九年六月）で劣勢を伝えられるカチンスキー陣営が、また反独感情を煽ることで支持を広めようとしていると報じる（FAZ、〇九年五月二十八日、三十日付）

注9 〝不安〟。J＝Tグロス著。ワルシャワ出身でアメリカ在住の歴史家で社会学者である著者が、ポーランドで戦後起きた反ユダヤ事件について取材したもの。

戦後のポーランドで一五〇〇人前後のユダヤ人が反ユダヤ主義者に殺された。ナチ占領下、ユダヤ人たちの家・財産は地元の人が手に入れた。そこにホロコーストを生き延びたユダヤ人たちが故郷に戻ってくる。当然彼らはそれらを返さなければならず、それがユダヤ人殺しの主因だという。また戦後、絶滅収容所ではユダヤ人たちの遺骸が掘り起こされ、人びとは金歯や金目の物を取っていった。

この本に対して国内のカトリック保守派から著者グロス氏を国を貶めるものとして告訴の動きもあった。保守派は、この本はユダヤ人遺族たちの財産の補償要求を精神面で応援していると非難した（以上、〇八年一月十六日付、『南ドイツ新聞』、二月七日付ならびに週刊紙『ディ・ツァイト』〇八年一月二四日付を元に著者がまとめた）。

第五章　ユダヤカード

ここにヘッセン州が出したドイツに帰化を希望する外国人への帰化試験問題の教則集「一〇〇の質問」という物がある（Lehrbuch Einbürgerungstest Hessen/100 Fragen und hoffentlich ausreichende Antworten. 〇七年十二月時点）。

ちょっと中身を見てみよう。

一、ドイツの人口は何人ですか？

二、ドイツを通る川を三つ挙げてください！

といった質問が並ぶなかつぎの質問があった。

十五、ホロコーストを定義してください！

十六、もし誰かがホロコーストを〝伝説〟あるいは〝お話〟にすぎないとしたなら、あなたはそれに対してどのようにいいますか？

十七、イスラエルの〝生存権〟の定義について説明してください！

この教則集「一〇〇の質問」の存在について教えてくれたのは、ヴォツェンの〈アマール〉のパレスチナ人ジャミールさんだ（第一章参照）。ドイツ人の女性と結婚し子どももいる彼は、帰化申請の際に教則集について知った。無職となったいま帰化が認められる可能性は厳しいとジャミールさんはいう。

ところでかれの再就職についてつぎのような話をきいた。〈アマール〉同様の仕事を探すジャミールさんにライプチヒのある反人種差別団体がいった。〝うちに履歴書を送って。あなたを優先するから〟。結局、だめだった。その理由が、勤務地がライプチヒ以外でライプチヒ在住の彼には通勤は無理だという「理由にならない理由」だった。ある話が洩れ伝わってきた。その団体の女性幹部が、彼がパレスチナ人であることを問題視したという。「もしも極右犯罪の犠牲者がユダヤ人ならパレスチナ人では対応は無理」ということらしい。

ちなみに先の質問の模範解答を教則集から記しておこう。

十五の問い、ホロコーストについて。ホロコーストとは一つの民族絶滅をいい、ナチ時代六〇〇万人に及ぶヨーロッパ在住のユダヤ人大虐殺をいう。

十六の問い、ホロコーストの否定者について。その者は歴史から学ぶことを望まない嘘つきである。ドイツではこのような否定論者に対し刑法の民衆煽動罪を適用する。

十七の問い、イスラエルの生存権について。国際的に認められた国境内でイスラエル国民が不安、テロ、暴力から自由に生きることができること。

日本のように南京大虐殺を公の場で否定しても、言論活動の一つと認める〝寛容〟さはドイツにはない。それは死者を死んでからも侮辱するものとして、死者またはその遺族あるいはその民族に対し許されない犯罪として断罪される。同国が「戦う民主主義国」といわれる所以だ。

日本では一九九五年、月刊誌『マルコポーロ』(文藝春秋社)二月号に〝アウシュビッツは捏造〟との記事が掲載された。同誌の花田紀凱《かずよし》編集長は「その見識を疑われ」解任、雑誌は廃刊されたが、ドイツならこの編集長は数年間の監獄生活は免れなかった。――余談だが、この花田紀凱という人物は、現在、『WiLL』(ワック出版)という月刊誌の編集長となり従軍慰安婦はなかった(「従軍慰安婦」と断固戦う! 〇七年八月増刊号)という論陣を張っている。

イスラエル建国六〇周年に際して、連邦議会で各党は「イスラエルの生存権を保障することはドイツの国是である」(FAZ、〇八年五月三十日付)との見解をしめした。左翼党のパウ連邦議会副議長は〝ドイツの二重責任〟と語る。彼女は「イスラエル建国に際しパレスチナ人がドイツの犯した罪のために苦しむことはあってはならない」一方、イスラエルの生存権は認められなければならないとした(同前)。

ホロコースト・インダストリー(ホロコースト産業)という言葉がある。決して言ってはいけない言葉だ。ホロコーストを錦の御旗にし、「ホロコーストの犠牲者さえも自己の目的のために利用するユダヤ人」という意味で使われる。ナチの毒牙にかかったユダヤ人たちはこうして死後も侮辱を受ける。まともなドイツ人は使わない言葉だ。

しかし、この言葉をきいたとき彼らが一様に浮かべるあの曖昧な笑いは、建前とはいささか違うものがあるようだ。

モーゼス＝メンデルスゾーンセンターによるヨーロッパ十二カ国世論調査をまとめた本がある。それによるとほぼ四〇パーセントの人が「ユダヤ人はホロコーストの犠牲者という見方をやめなければならない」と考えている。（BZ、〇八年六月十九日付）

〇六年夏のイスラエルのレバノン侵略はドイツ世論の対イスラエル感情を著しく悪化させた。[注1] イスラエルの非道ぶりに、ドイツの政治学者二五人が連名で自重を求める公開書簡をFRZ紙に発表した。（〇六年十一月十五日付）。これほど対イスラエル感情の悪化はかつてなかった、ときく。

これを危険な兆候と見る人たちがいた。新たな反ユダヤ主義の到来と彼らは判断した。

ドイツナショナリズムを取材するならユダヤ人は避けては通れない。彼らの鋭敏な目は、彼の国における危険な兆候をたちまち見抜く。

その目を紹介しよう。

旧東ベルリンの繁華街オラニエン通りにシナゴーク（ユダヤ教会）が建つ。

このシナゴークは八〇年代半ばに建設が始まりドイツ統一後に完成した。

冷戦時代、社会主義諸国はソ連から格安の石油を供給され命脈を保っていた。八〇年代に入るとソ連は石油価格の適正化を求める。格安の石油と西ドイツからの借款で息をつく東ドイツは新たな道を模索する。訪米だ。アメリカに国賓として招待されればドル借款を期待できる。西独フランクフルトのユダヤ人会議を通し米国のユダヤロビーに秋波を送る。シナゴーク建立はそのためだ。しかし、そ

シナゴーグ（ユダヤ教会）。旧東ベルリン、オラニエン通り。

の完成を見ることなく東ドイツは消えた。

〇八年春、わたしはシナゴーク内にある月刊誌〝ユダヤのベルリン〟（発行部数八〇〇〇部）女性記者J＝ケスラー氏を訪ね話をきいた。

ケスラーさんは一九五九年、ポーランドのグダニスク生まれ。父はドイツ人、母はユダヤ系ポーランド人だ。七二年に一家は東ドイツに来た。両親にとり「ポーランドはそれほど居心地良い場所ではなかった」ので。ケスラーさん自身はひどい目に遭ったことはなかったが。

一九八六年、彼女は西ドイツに逃げた。「東ドイツは監獄みたいで嫌だった」から。西ドイツの大学で社会学を学び、九〇年から現職につく。ドイツ、ポーランド、ユダヤと「アイデンティティはいろいろ混ざっている」彼女に反ユダヤ主義についてきいた。

「母はポーランドで不愉快な思いをしてきたようですけれど多くを語らなかった。私自身は東ドイツで不愉快な思いをした。ダビデの星の首飾りをしていたら禁止された。便所に閉じ込められたこともある。〝ユダヤ人〟とかいわれて」

―よくある子どものいたずらですね。

「いいえ、（いたずらどころか）充分悪意はあった」

友人の東ドイツ人から聞いたことがある。彼の小中学生時代（七〇年代）、同級にユダヤ人がいて、彼はそれを言わないでくれ、といっていたという。「どこにでもバカな奴はいるから」と。

―いま、ドイツでは新しい国家像、それは即、極右というわけではないが、戦争の犠牲者としてのドイツを云い始めていますが。

「転換したわね。ドイツ人は犠牲者でひどい目にあったと。テレビ、本、雑誌などでそれを強調し出している。一〇、二〇年前には考えられなかった」

―で、どう思います。

「Na, ja《ナーヤー》（溜息）。原因と結果を取り違えている。なぜ、ドレスデンは空爆されたのか、なぜ、人びとは東欧から追放されたのか……。戦争を始めた以上結果はついてくるものでしょう」

―それはドイツ人もいっている。ドイツが始めた、と。でも彼らは〝しかし〟とつづける。これは新しい傾向では。

「そうそう、〝しかし〟がくる。社会全体が避けている。罪については自分たちの苦痛を強調することで負荷を減らす。あるいは相対化する。つぎにユダヤ人、ロシア人については彼らが他国にもたらした苦痛――（イスラエルのパレスチナ。ロシアの東欧、チェチェン）――を強調し、自分たちの罪を小さくする。近年ホロコーストを生き延びたユダヤ人の伝記は発表されない。出版社が引き受けないしね。テレビで夜中に放映されるのは〝暗黒の東ドイツ〟と〝戦争でひどい目に遭ったドイツ人〟についてぐらいで」

―右翼の人びとと話すと、彼らはもうユダヤ人には充分謝った。そろそろ我われの犠牲者としての面も語ってもいいのではないかと……。

「愚かさは、それなりに成長しているわね。NPDは背広を着てそれなりの論理を展開する。でも中身は滅茶苦茶ね。社会が高失業率とか問題を抱えていれば、必ずある集団が槍玉にあげられる。いつもそう。反ユダヤ主義だけではなく、人種差別も一緒についてくる。アジア人や黒人への罵詈雑言。二〇年前は言えなかったことを人びとは言いはじめた」

―ポーランド人などの東欧人は、ドイツ人の自分たちに対する態度は、ユダヤ人に対するものとはまったく異なる。ドイツ人は先の大戦の犠牲者はユダヤ人とドイツ人しかいないと思っているのでは、と言うが。

「それはポーランド人の劣等感につながっています。特に彼らは自分たちをつねに犠牲者とする。ドイツ、ロシア、すべての国が自分たちに敵対してと。オーストリアもそうね。彼らもナチの犠牲者だと。彼らにはそのほうが居心地がいいのでしょう」

―でも、ロシアは二〇〇〇万人以上殺されているのに、なぜユダヤ人だけが、と……。

「つまり六〇〇万人は一番ではないと――ひどい言い方ですが――言いたいのですね（笑い）」

「たしかにシュタインバッハ氏を見ればポーランドが怒るのはわかる。でも、ほとんどのドイツ人はBdVといったものに関心がない。だいたいポーランドにいったことがない。ここから車を飛ばせば四〇分でいけるのに。ドイツ人にとってポーランドは地の涯ね。ポーランド人はナチによって数百万人殺されたというが、ユダヤ人を勘定に入れていない。自分たちだけを犠牲者としている。ドイツ人と同じじゃね」

―でも、ポーランド人は、ドイツは本気でポーランドに謝っていない。もし本気で謝っているなら常態化しているポーランド人への差別やBdVの問題など起きようがない。

「本気で謝るとはどういうこと。――本気とは。私はポーランド出身ですけど、あの国が何を求めているのかわからない（笑い）。お金かそれとも（ブラント首相のように）跪くことか。あの国はたいへんな人種差別国なんです。ポーランド人はロシア人、ドイツ人、チェコ人、すべてに我慢がならない。――はっきりしているのは、ドイツ人はまったくポーランドには関心がない。なぜ、あそこまで無視するのか私にもわからないけど」

――〝君たちもナチと協力をした〟とポーランド側を批判するドイツ人もいる。

「それは、ユダヤ人がポーランドにそのような非難をするといっているんですね」

――いえ、いえ、（ユダヤ人だけでなく）ドイツ人もそういっているとポーランド人はいう。

「それははじめて聞いた。――たしかにドイツ人はユダヤ人以外の犠牲者に対してはあまり関心を払わない。でも、犠牲者は限りなくいる。ポーランドもそのひとつでしょう。（だから）一つの集団（ユダヤ人）を代表させれば充分でしょう。同性愛者、ロマ、……Too Much（多すぎる）（笑い）」

――人がいうには、アメリカにはユダヤロビーがあり、その影響力は大きい。――彼らが世界を支配しているとかではなく――影響力は持っている。その彼らが西欧人と一緒にドイツ製品不買運動でもはじめたらかなわん、だからユダヤ人だけを特別扱いすると……。

「それはポーランド人が言っていることですか？（ポーランド人だけではなくドイツ人も）。まったく馬鹿馬鹿しい。もちろんユダヤロビーはありますよ。でも、ポーランド人がロビーを持てないのは彼ら自身の問題で、ユダヤ人のせいではない。それともう一つ、ではなく、にもかかわらずでもなく、一つの民族に的を絞ってその抹殺をはかるということは類例のないことなのです。ポーランド人は何をいってもかまわないけれど、彼らは六〇〇万人殺されていない。ドイツ人がユダヤ人を優先させることは正しいのです。つねに優先すべきです。わたしはそれを否定的には考えませんね。ほかのナチ犠牲者に対して配慮が足らない、というのはそうでしょうし、それはよくない。でも、工業的に抹殺されたのはユダヤ人です。自分たちは閑却されているといっているロシア人やポーランド人はそうされなくて喜ぶべきです」

と、ケスラーさんはにっこり笑った。

—ユダヤ人大虐殺は類例がないこと——、というのは表向きで、本当はドイツ経済に大打撃になるのが怖いからでは。ドイツ人道主義も経済的動機次第、が本当で。それを隠すために……ユダヤ人大虐殺は……、と理由付けしている。

「馬鹿馬鹿しい！　そうやって何でもユダヤ人のせいにするのよ！　ユダヤ人陰謀説（陰謀とはいっていません！）ユダヤロビーとか。世界には一三〇〇万人のユダヤ人がいて、ポーランドではあらゆる街角にユダヤ人が立っている。なにかあれば〝ユダヤ人〟。彼らはいつも新しいユダヤ人をつくりあげる」

—でも、ご自身はポーランドでとくに不愉快な思いはしなかった。

「もう一度いいますが、私は当時十二歳でした。母はユダヤ人であることを言わないようにいっていた。それだけで充分です。〝私はユダヤ人〟何て言えないのです」

—ドイツではいまイスラエルに対する批判がある。それを言うとすぐ〝ナチ〟といわれるとドイツ人はいいますが。

「それも同じように馬鹿げたことです。批判するときは双方に目を向けなければ。でなければ反ユダヤでしょう。パレスチナの被害ばかり伝えている。ガザの様子は伝えてもアシュケロンの様子は伝えない。これは反イスラエル以外のなにものでもない。ドイツの報道は一方的です。でも、わたしはイスラエル人ではない。ヨーロッパ生まれのユダヤ人です。イスラエルと一緒くたにされるのは嫌です。ヨーロッパに住むユダヤ人はみなそう思っています」

「パレスチナが国を持つのは正しいでしょう。でも、ドイツのメディアは一方的です。これもドイツの〝負荷軽減〟の一つです。〝Ah!（嗚呼）、かつての犠牲者が、いまや加害者か〟と、もし私がドイツ人なら喜んでいうでしょう。〝きみたちはナチと変わらんね〟と」

―それは右翼がよくいっている。

「いいえ、右翼だけではない。社会の中間にいる人びとも言っている。新聞など読んでもそう感じる。左翼系の新聞などは平均以上に反イスラエルです。パレスチナの被害を綿々と伝える。左翼には反ユダヤ主義傾向がつねにあった。それが強くなってきた。反ユダヤ主義は左右にある。なぜ、イスラエルばかりを槍玉に上げるのか。パキスタン、イラク、ルアンダ、世界中に問題があるのに。なぜ、イスラエルなのか。ドイツの歴史がそういわせている。イスラエルもナチとかわらないと、自分たちの罪を軽減したいのです」

―ライプチヒで経験したのですが、若者たちの間で親イスラエルと親パレスチナに分かれる。それを見てイスラエルとドイツのナショナリズムは連動していると感じた。

「二つの極端がある。その中間がない。双方とも現実離れだ。私は分析家ではないからよくわからないけど」

――〝ユダヤのベルリン〟紙の目下の話題は何ですか。

「目下の話題というのはない。――イスラエル建国六〇周年の祝祭についてはありますが。一方では祝祭、一方ではロケットで攻撃される。悲しいことです。イスラエルには一度行ったことがあります。いい国ですよ。ヨーロッパですね、あの国は。海もあるし暖かい。問題さえなければ移住を考えたこともあるけど」

ライプチヒに〝クーニッヒハインツ〟というクナイペ（酒場）がある。非営利目的のクナイペで、反人種差別を唱える団体によって週四日（月・水・金・土）運営されている。

暗い店内はパンクロックや「極左」の若者たちでにぎわう。夜八時から開店し、閉店はお客がいなくなるまでだ。八時から九時までの一時間ビール一本一ユーロ（一七〇円・〇六、七年当時）、九時以降は一・六ユーロ（二六〇円）になる。

金欠の若者たちの間にはさまって私もしばしばそこにいた。

そこで働く二〇代半ばくらいの青年に、カウンターの中にある大型冷蔵庫のわきに貼ってある青色のダビデの星について聞いた。彼はイスラエルへの連帯を表すためと答えた。それは丁度、〇六年夏、イスラエルのレバノン侵略時だった。わたしはいった。「連帯も結構だが、ただ無批判にイスラエルを支持するのはどうかな。イスラエルの友人なら苦言も呈する必要はあるんじゃない」。

まあ、そうだけど、とかれは苦笑を浮かべる。

「しかしね、いまドイツは物凄い反イスラエル感情で燃え盛っているんだ。これは危険だよ。ドイツ人にはユダヤ人を助ける歴史的責務があるしね」

ドイツの若者たちを見て感心するのは、多くが政治に関し意見――左右を問わず――を持っていることだ。青年が小学校の高学年の頃、ドイツ再統一があった。否応なしに「ドイツとは何かと考えざるをえない」状況に子どもたちはいた。級内では「ドイツ」について意見が分かれた。極右から極左、あるいは環境保護から無政府主義まで。

シラけている人も少数ではない。国民の一割近くが外国人という国では、否応なく「ドイツ人とは何か」という問い、近隣諸国の反応が直に伝わってくる地政学的条件、また歴史的文脈からつねにその行動が批判の対象になるという三条件のもとに人が暮らせば、もううんざり、とシラけることはある。しかし、その条件を通ることなく〝シラけている〟国とはかなり違うだろう。

ある夜、私はクーニッヒハインツで友人のザクセンロバートと飲んでいた。ザクセン州出身のロバートを私たちはそう呼ぶ。

ヨウ、とザクセンロバートは低い声でいった。

「二、三日前、ナチ野郎を叩きのめしたぜ」

へえー。で、相手は。

「野郎は一人」

で、そっちは。

「俺たちは三人」

へえー。三対一か。ふーん、三対一ね……。

ザクセンロバートは声をさらに低めて言った。

「公平である必要はねえだろう」


〇八年五月、ザクセンロバートと他三人で私はハレに向かった。ライプチヒから車でおよそ三〇分。今日はそこでロバートたちによる月一回のラジオの収録がある。彼らはライプチヒ在住の学生たちで〝反ファシズムの会〟をつくり、各種政治集会やデモなどを組織する。昨年からSPD（社民党）の後援でこのラジオ番組をはじめた。番組はサッカーにまつわる話や、それと関連してサッカー場で気勢をあげる右翼たちへの批判等々だ。

ハレでの野外収録。真ん中の男性がザクセンロバート。

周知のようにドイツはサッカーが国民スポーツだ。試合ではしばしばナショナリズムが火を吹く。応援団同士の乱闘事件もよくある。外国人選手に対しては汚い野次が飛ぶ。黒人選手にたいし、ホ、ホ、ホっと猿の吠え声をあげ、黒人＝猿で侮辱する。一度、これはテレビで見たが場内にバナナが投げ込まれる場面があった。

今日のこのラジオ番組は野外で収録され女性ジャーナリストが招かれていた。一時間の番組で、聴取の範囲はハレ近郊までだ。学生たちは無料奉仕でやっている。

ドイツナショナリズムの禁忌といわれるイスラエル批判。それがいまドイツで澎湃として沸き起こっていると考えるのはケスラーさんだけではない。

〝反ファシズムの会〟の一員であるクリスチァン＝Kさんもその一人だ。一九八一年西ドイツ、シュトットガルト近郊生まれの二七歳。現在（〇八年五月）ライプチヒ大学の修士課程で文化科学を専攻している。

ライプチヒ市内の喫茶店で彼に話をきいた。

三週間前にライプチヒに越してきたばかりというクリスチァンさん。彼が故郷を引き払った理由は「仲間たちのイスラエルに対する見解がゆるせなかったから」だ。

左翼の中にもいろいろ意見があってね、と彼は語りだした。

「イスラエルはユダヤ人たちが身を守るために築いた国ではなく、アメリカの手先になりパレスチナ人を抑圧しているという誤った評価を下す人たちもいる。左翼だけではなく多くのドイツ人もそう考えている。矛盾があって、イスラエルの建国は理解する。だがパレスチナ人への弾圧は止めよ、とね。これは危険だよ。変装した反シオニズムだ。反ユダヤ主義を唱えるドイツ人やネオナチと結びつきかねない。〇一年の九月十一日のテロ以来、左翼のなかで大論争が起こった。あのテロはアメリカがやってきたことに対する警告と解釈する者がいる。アメリカは帝国主義

クリスチャン＝Kさん。ライプチヒにて

で、イスラエルは地元の人の土地を奪って――、使い古されたいつもの言い回しさ。（しかし）テロの実行犯は反ユダヤ主義者だ。イスラエルはナチ犯罪を原因としてつくられた国だ。なぜユダヤ人たちが自分たちを守るために国をつくってはいけないのか。国というものが存在する以上イスラエルも存在する権利があると僕たちは思う。イスラエルに盲従はしない。パレスチナ人の状況はひどいといってもいい。しかしドイツ人としてイスラエルは守らなければならない。二度目のアウシュビッツは阻止しないと」

―ドイツの報道ではイスラエルに対する批判は非常に少ない。大衆報道機関も気を遣っている。

「ユダヤ人に対しては口を噤むという所はある。歴史から学んだことだ。でも、本当は言いたい、が、言えばたちまち――と黙っている」

―それは不健全だね。

「うーん、どうかな。一度イスラエル批判を始めれば、堰を切ったように出てくる。だから〝口を慎め〟というのは間違っているとは思わない。批判を禁じても人びとの反イスラエル感情は消えないけどね。でも禁じることでドイツ在住のユダヤ人たちは不愉快な思いをせずにいられるわけだし」

―多くの人は、自分は反ユダヤではない。しかし反イスラエルだという。でも、それをいうとすぐに反ユダヤ＝ナチという構図がくる。イスラエルもそれを意図的に混ぜている。

「うん、その言辞は知っている。イスラエルへの批判はすでに反ユダヤ主義を秘めていると思う。なぜ、イスラエルは、イスラエルは、とイスラエルだけを取り上げるのか。世界中で人権侵害は起こっているのに。ユダヤ人は歴史から学んでいないという人がいるが、僕は彼らは充分歴史から学んだといいたい。だから殺されないように建国をしたわけだ」

―ところで、ユダヤ人以外のナチ犠牲者については語られないようだけど。

「そう、ほとんど話題になっていない」

―どうして。

「ロマ絶滅についてもほとんど語られない。悪いことだと思うけれどね。でも、各犠牲者がお互いに競い合うのはよくない」

―東欧人たちは、自分たちは犠牲者でも二番手だといっている。

「そのとおり、そのとおり。各犠牲者が自分たちのことを語るのは正しい。しかし、そこには明確な違いがある。六〇〇万人のユダヤ人大虐殺・ショワーは、計画的に実行されたものだ。人類史上かつてなかった。それはポーランド人に対するものとは違う。ユダヤ人虐殺は特殊な質を持つものだ」

―ロシアでは二〇〇〇万人以上殺された。なぜそれについてはいわないのか。

「僕にもわからない」

―ロシア人や東欧人は充分な購買力を持っていない。ドイツにとって重要ではないから。

「それは当然そうでしょう。もうユダヤ人で充分だという気持ちもドイツ人にはあるし。それと二〇〇〇万人の犠牲者にはユダヤ人も含まれている。ポーランドもそう。両国政府はそれについてはあまりいわない。もちろんユダヤ人以外も殺されたけれど。肝心なのは犠牲者同士が、ユダヤ人は補償され、自分たちは何もない、と（実際、そうじゃない！）うん、そう、そう、つまり対立するのは避けないと。ナチのイデオロギーではユダヤ人は抹殺の最上位にあり他の集団とは同列にできない」

―ドイツの新ナショナリズムについて。

「僕はとても疑問に思う。ナチ犯罪については一般市民の理解は進んだとは思う。いろいろ間違いはあってもね。犠牲者の記念碑もつくられているし。政治家たちは〝我われはこれだけのことをしている〟と言い出した。もう充分だろうと。BdVなどはナチ犯罪についての反省を資本にして、今度は自分たちのことをいう。たとえば、バイエルンのBdVはチェコ（のズデーテン）出身だ。彼らのほとんどがナチ時代ドイツ党に投票した最悪の保守主義者だ(注2)。ナチ時代を懐かしんでさえいる連中だ。そんな人びと――ポーランドのドイツ人もそうだけど――が戦後追放されるのは当然だ。ほとんどのBdVの人たちは当時直接、間接的にナチに手を貸したんだ」

2008年夏、サッカーのヨーロッパ選手権で街中で国旗を売る店が増えた。

―最後の質問だけど。今後の予定は。

「博士課程に進むか、あるいは就職するか。まだわからない」

彼の意見は反イスラエル感情が薄っすらと募ってきている世論とは逆だ。しかしその逆の人たちの意見を代表するものではある。彼らはドイツ政府のユダヤ人に対する謝罪に何かうわべだけのもの、ある胡散臭さを感じ、そしてそれを申し訳なく思い、かつ恥じ、その結果として親イスラエル――もうほとんど隷従的だ――という態度がうまれるのだろうか。
「反イスラエル感情」を具体的に追ってみようと思ったが無理だ。「極右」のユダヤ人への罵言を集めても意味がない。ふつうの人びと、あるいは社会の有力者からそれが漏れることは稀だ。そこで、インタヴューという形ではなく、酒場であるいは友人たちとの集いで交わされる声、表情をいくつか紹介しよう。

2008年夏、東ベルリンの軽食堂でサッカーのドイツチームの勝利を喜ぶ人びと（08年夏）。

「僕たちの税金が（援助という形で）イスラエルに渡りパレスチナ人を弾圧するためにつかわれる。承服しがたいね」（二〇代・男子学生）。

ブッシュ米大統領は、建国六〇周年を迎えるイスラエルを訪問し、〝イスラエルは中東における民主主義の模範である。〟と称えた。（SZ、〇八年五月十五日付）。この報道に「先住民の土地を強奪して成り立ったアメリカとパレスチナ人の土地を強奪しているイスラエルが民主主義を謳っている」と嗤う男性（五〇代）。

拙著『東方のドイツ人たち』にはつぎのような記述がある。ちょっと引用してみよう（いつまでドイツはユダヤ人に謝罪しなければならないのかというドイツ側の声について、私はドイツ語教室のロシア出身のユダヤ人たちに感想を求めた――）。

ハハーンと、女の先生――四〇歳ぐらいだろうか――は言った。これはたいへん繊細な問題ですね、そういって彼女は生徒たちに私の言葉を嚙み砕いていった。「つまりユダヤ人は被害をいいたてて、それで補償金をもらう、いつまでドイツを利用するのかという非難があるということですね。――略――皆さんどう思われますか」。略――ショックだったのは先生の言葉だ。彼女は私の言葉を補足するという形で自分の意見を見事に投影していると思ったのだ。

ヨーロッパではナショナリズムは反ユダヤ主義と連動する。「何かあればユダヤ人のせい」という状況がかつてあった。あるホロコースト生存者は毎年誕生日が来る度に「どうだおまえたちは私を殺せなかったろう」と嬉しくなるとテレビで語っていた。ケスラーさんは、東ドイツの社会主義政権の謳った抑圧された者たちの解放等々美名の下に、しっかりと根を張る反ユダヤ主義を経験した。現在は民主主義の名のもとに繰り出されるイスラエル批判に「変装した反ユダヤ主義」をみてとる。

ところでイスラエルという国は一九四八年パレスチナ人を追い出してつくり上げられた国だ。イスラエル建国前からすでにパレスチナ人は土地を離れていった、だから追い出したのではないというイスラエル政府の主張がある。学者にもこの説を説く者がいる。事実は、このまま留まっていてはユダヤ人たちに攻撃されるとユダヤ人自身が流したデマ情報により不安に駆られた結果、パレスチナ人の一部が故郷を去ったのだ（学者には自分の専門対象――いわゆるメシの種――の評価を下げると判断した事例を無視あるいは歪曲する御用学者と、知的誠実さをもつ学者にわかれる）。

なぜ、ユダヤ人は無法な行為にでたのか。ナチによって六〇〇万人といわれるユダヤ人が虐殺されたからだ。ナチの毒牙を逃れてきた人びとにとり命綱の思いでパレスチナの地に〝祖国〟を築いたのは想像に難くない。しかしそこには人が住んでいた。

シオニズム運動に巨大な知的影響を与えたウクライナ出身のジャボティンスキーは、戦前その論文で、ユダヤ人たちがパレスチナに入植していけば早晩現地のパレスチナ人との対決は避けられないと見抜いていた。そのうえでユダヤ人たちが現地で強力な軍事力を持つことでパレスチナ人が自分たちユダヤ人を追い出すことをあきらめたときにはじめて和平が訪れるとした（『シオニズムとアラブ』森まり子著、講談社選書メチエより）。

「――広大な領土を持つ民族から一片の土地を徴用することは正義の行為であり――（もし彼らがそれを拒否するなら）――それは強制されねばならない」

批判に対し彼は「道徳的に無欠であろうとする者はユダヤ人入植の考えを放棄せねばならない」と撥ねつけた。欧州のユダヤ人たちは非ヨーロッパに対しては「近代ヨーロッパ人」として、特に「原始的な」原住民であるアラブ人との「質的な」違いにより目的は達成されると確信していたのである（同前）。

「ユダヤ人に対するドイツ人の歴史的責務」というときパレスチナ人はどうなるのか。（注3）

こう考える人がドイツでさえ増えてきている。彼の国ではホロコースト関連のドキュメンタリー番組が毎日放映される。日本でいえば南京大虐殺や平頂山事件、マニラ大虐殺等について毎日放送するようなものだ。それは「歴史的責務」と共に、ややもすれば反イスラエルに流れがちな世論をつなぎとめておくためのカンフル剤のようにみえる。

現在旧西ドイツ地域で見られるユダヤ人大虐殺に対する反省は一朝一夕にはいかなかった。戦後、「非ナチ化にたいしては有責者もそうでない者も互いにかばい合い、ドイツ人同士が責任を曖昧にするという状況」（『過去の克服』石田勇治著、白水社）から出発し、保守政党や保守系出版社（シュプリンガー社）などの執拗な攻撃やもううんざりとする人びとに「お父さん、あなたはナチ時代何をしていたの」という言葉で六八年世代は歴史に切り込んでいった。知識人たちを中心に広汎な民衆を巻き込み、いまではそれはドイツ人の常識になった。世界の事件はすべてその常識を通した上で判断が下される（「過去との取り組み（「過去の克服」、ナチスと旧東独の二つの独裁との取り組み）をドイツ文化の一部として世界に紹介（『世界』〇九年四月号「記憶を未来につなぐ責任」佐藤健生）。その克服とは、「加害者の追及・被害者の救済ないし補償・再発の防止」をいう。（同前）」。

ドイツの大統領、首相がイスラエルを訪問し、経済援助のみならず、軍事援助――たとえば潜水艦の無償引渡し――を約束する。イスラエルの安全に寄与するのがドイツの国是だ。こうしてドイツはその倫理性、道徳性の高さを証明する。

ドイツはまた人権外交として「ユダヤカード」を使う。ポーランドに対しては、その過去、反ユダヤ主義とナチとの協力関係を暴き、現在――〝ラジオ・マリア〟を叩く。またユダヤカードは東欧全体にも切られる（もし、ウクライナがドイツの利益に反すれば、すかさずカードは切られるだろう）。かつて保守派を苛せたユダヤ問題は、保守派によっても極めて有力な外交カードとして重宝されるようになった（たとえば「過去の克服の世界チャンピオン」としてのドイツ。あるいは「輸出ヒット品としての『過去の克服』）（同前・佐藤健生）。保守政治家は東欧各国にいう。「ドイツに見習ってあなた方もドイツ人追放という非道な行為を反省しなさい」。バイエルン州のベックシュタイン知事（当時）は追放問題に関しチェコに「ドイツが歴史の真理に達するために戦後営々とつとめたように」チェコも「歴史の清算をすべき」とする。（FAZ、〇七年十月十五日付）」。

「ドイツはユダヤカードを切っていますね」

とわたしはポーランド人で西ベルリンのポーランド社会援助会の職員であるカミンスキー氏に言った。「ええ、私も同じような印象を持っています」と同氏も答えた。

このカードは国内でも切られる。東ドイツでなぜ、ネオナチに勢いがあるのか。その説明に、東ドイツ時代の反イスラエル政策＝反ユダヤ主義があると西ドイツ人は考える。また東ドイツ人の中にも、東ドイツ時代の「反イスラエル政策＝反ユダヤ主義」を猛省する人も少なくない。もともと彼らはSED（共産党）の宣伝など鼻で笑っていたが、イスラエル問題には、「なるほど、ホロコーストは許せないが、だからといってパレスチナ人の土地を奪っていいとはならない」と納得はしていた。統一後、彼らは具体的にホロコーストについて知る。イスラエルに旅行する者も出てくる。そ

ドイツの戦後補償の実績

連邦補償法	453億5600（万）
連邦返済法	20億2300
補償年金法	7億6000
ナチス被迫害者補償法	14億5100
対イスラエル条約	17億6400
包括協定など	14億6000
その他の支給	48億7000
旧西独各州からの支給	16億　300
苛酷緩和規定	32億7100
「記憶・責任・未来」財団	25億5600
	合計651億1400

2007年12月31日現在。単位はユーロ。連邦財務省発表。（『世界』09年４月号「記憶を未来につなぐ責任」佐藤健生）。

こで共産党に〝騙された〟ことを知り以後は熱烈な親イスラエル主義者になる。左翼党・州議会議員の女性はイスラエルに旅行し、ナチ犯罪に衝撃を受け、イスラーム過激派の脅威を語る。過激派は、イスラエルの政策により生み出されたという私に、彼女は怒りで身を震わせ、これ以上討論ができないことを示した。

ポーランド側も外交攻勢にでる。〇八年四月、トュスク首相はイスラエルを訪問、ポーランド政府に戦後没収されたユダヤ人たちの財産の補償を約束する。カチンスキー大統領も翌月五月、イスラエルを訪問。戦中多くのポーランド人がユダヤ人たちを救った事例を挙げ、両民族の絆を強調する。イスラエル詣で反ユダヤ国という疑いを払拭する。「アメリカの心証を良くすることも視野に入っている」（FAZ、〇八年五月十三日付）だろう。

欧米によってつくられた国際秩序に呻吟する人びとが世界中にいる。社会的不正義は数限りなくあるから、そのすべてに係っていたらきりがない。しかしパレスチナ問題は、数限りない不正義の一つではなく、数限りない社会的不正義を要約する。それは欧米の偽善を世界に無惨なまでに暴露するものである。

かつて、人種差別政策を採る南アフリカという国が人類の倫理、道徳を著しく汚していた――「人道に対する罪」（一九六六年第二十一回国連総会）――ように、イスラエルという現象は世界にとりたいへんな負担となり、かつ人類の倫理観、道徳観を腐敗させる。

ユダヤ人大虐殺（ホロコースト）は、単にドイツの問題ではない。そこには人種差別、障害者差別、同性愛者差別等々すべてが網羅されている。

これは正しい。欧米人にとっては歴史に根ざす問題だ。しかし、欧米以外のところでは、ヨーロッパの事例を引っ張り出すまでもなく自分たちが大虐殺をされてきている。先住民出身の南米ベネゼイラのチャベス大統領は「ホロコーストよりも深刻な事態が起きた」と述べる。(『赤旗』〇七年五月二十五日付)。欧米では悪党扱いされるイランのアフマドネジャド大統領がドイツの週刊誌シュピーゲル誌(〇六年五月二十九日号)で述べた「なぜ、先の大戦の六〇〇〇万人に及ぶ犠牲者のうちユダヤ人にだけ注意が払われるのか」という疑問は世界中で共有されている。

〇八年五月、クーニッヒハインツでザクセンロバートと彼の恋人、もう一人の友人と私で飲んでいた。

君たちはね、とわたしは始めた。

「ナチ時代の人びとをせせら笑うがね、彼らは臆病でナチ犯罪を見て見ぬ振りをしたと。そういう君たちも同じだね。イスラエル建国の根拠にユダヤ人は聖書や歴史絵巻をひっぱりだす。これは冗談ではなく本気でだ」

君が、と、私はロバートにいった。

「君が将来子どもを持ったら、その子はいうだろう。〝お父さん、なぜイスラエルの蛮行を黙認していたの〟って。きみもナチ時代の人と同じことを言う。〝知らなかった〟って」

イスラエルは脅威から自国を守る権利がある。

「なるほどね!　イスラエルによって故郷を追い払われた人たちからの脅威というわけね。単純な質問だがね、なぜパレスチナ人がナチ犯罪のツケを払わなければならないの」

私の声は知らず知らずのうちに大きくなっていった、と思う。――（ところで、極めて聞き取りにくいであろう私のドイツ語を黙ってきいてくれたドイツの若者たちには改めて感謝したい！）

「つまりユダヤ人に対しては論理ではなく〝情〟なわけね。ショワーとかホロコーストのドキュメンタリーを見れば、ドイツ人として良心の呵責を覚えるのは自然だ。でもね、考えてみて。なぜユダヤ人大虐殺関連のフィルムだけが放映されるのか。なぜ、SSのソ連での蛮行は放映されないのかと。テレビのディレクターはナチ犯罪を放送しようと思うとき、ユダヤかロシアかどちらか、あるいは両方放映するかを考える。そのとき、彼（あるいは彼女）はソ連でのものは放送しない、と判断するわけだ。なぜか。その結果ユダヤ人にだけ同情を覚えさせられる。君たちは自分の判断で親イスラエルの立場にあると思い込んでいるようだが、傍から見れば世論操作の結果に過ぎない」

ユダヤ人に対する組織的抹殺は人類史上初めてで、ロシア人とは比べられない。

「なるほどね。俺に言わせると工業的手法を使わず、二七〇〇万人を〝処理〟したほうにも人類史上初めてを感じるんだが。ユダヤ人は他の人間より価値があるということかね。おれはアジア人だから、ユダヤ人より価値が低いのかね。君たちは自分がさぞ、人道主義者であると思っているようだけど、見方を変えればただの人種差別主義者さ。汚い言葉で相手を罵るだけが人種差別ではない。ある特定の人びとを神聖化すれば、当然ほかは……」

じゃあ、イスラエル人はどうすればいいというのか。もう建国から六〇年経っている。

「これだ！　典型的な強者の論理だ。つまり時間を稼ぐんだね。圧倒的な軍事力で相手を抑えつけ、時間の経過を待つ。そして、〝いまさらどうしろというのか〟と開き直る。結局彼らの思う壺だ。武力で抑え込んだ相手には無駄な抵抗を止めるよう諭す。それでも抵抗すれば〝過激派〟か！」

では、どうすればという同じ問いに私は「それは君たちドイツ人（ヨーロッパ人）の課題だ」と返答したあたりから話がダレてきだし〝激論〟は終わった。

いずれにせよ、まず問題を問題として認識することが解決への第一歩だろう。

ユダヤ人の犠牲者を優遇するのが問題なのではない。ユダヤ人以外の犠牲者をユダヤ人並みに扱っていないその態度に、ユダヤ人に対する謝罪さえホンモノなのかと疑われるのだ。

ソ連から帰ってきたドイツ兵たちは、冷戦の追い風に乗っていつのまにか被害者となる。そして戦後、西側世界を風靡したソ連の脅威論の大合唱の先頭に彼らの姿があった。その道徳的腐敗ぶりは壮観とさえいえるだろう。そのつけが現代に楔のように突きささる。

ドイツ人自身によるユダヤ人大虐殺の究明でドイツナショナリズムは大いに救われた。自由と民主主義の前には国家・民族は二の次だ。それは普遍的価値の実現をはかる行為が、じつはドイツ人のナショナリズムを充足させるものとなる。ところがこれがパレスチナ問題でおおいに揺らぐ。いままでのナショナリズムのあり方が危機に陥り、欠陥がさらされる。それに呼応するかのように国内では「極右」が国家・民族を第一にしようと呼びかける。

欧州統合が深まっていくなかで、「国」として連帯する意義が見えにくくなり、「国を守る」ということじたい滑稽なものになる日はそれほど遠くないだろうという予感は、多くのEU市民にある。この枠組の変化に恐怖に近いものを感じるのは何も「極右」だけではない（例えば〇五年五月フランス、六月にオランダで国民投票によりEU憲法批准拒否)。

そのような流れの中、ドイツではナチ時代を除いた歴史（栄光の歴史）、第二次大戦における被害の歴史、イスラエル問題、国内の二重経済構造等々、そこに覇権を求める衝動が彼らの心のなかで互いにぶつかり合い巨大なエネルギーをうみ、それが「右翼」をつぎつぎと生み出していく。

十九世紀、民族国家にふさわしい国家観、社会秩序がつくられた。それから一〇〇年あまり。いま、EUにふさわしいヨーロッパ観、倫理・道徳づくりがはじまっている。その新たな理念の元に各国のナショナリズムの中身も改められる（ドイツ系ヨーロッパ人の誕生へ）。ユダヤ人問題を中心にナショナリズムが組み立てられているドイツはその転換期にさしかかっている。

結び

ドイツナショナリズムの取材は、私に日本のナショナリズムについての考えを誘う。

「ドイツ人」も「ユダヤ人」も「日本人」もイデオロギーの一種といえないこともない。その解消を求めるなら新たなイデオロギーが必要だ。しかし、それがどういうものなのか私は知らないし、知ることのできないことに希望を持つことはできない。

確かなことは、ナショナリズムがまだまだ力を持っている時代に私たちは生きていることだ。この問題との関りの中でもう少し小さい個別の問題の意味も決まってくるだろう。

日本のナショナリストの仕事は北朝鮮を呪うことと、君が代を是が非でも歌わせようとすること以外にないようだ。

小泉純一郎という男が、五年半に及ぶ首相在任中、毎年繰り返した靖国神社参拝はドイツでも大きく報道された。中国や韓国が幾度もドイツの例を持ち出し、なぜ日本もああできないのかという発言も伝えられた（ドイツなどに名を成さしめて！）。

A級戦犯の祀られる宗教施設に首相が参拝するというドイツの極右をして夢想だにできない――いくら彼らが元気でもヒトラーが祀られる宗教施設（などないけど）に自国の首相が参拝することを期待はしまい――行動を示した小泉さん。

〝コイズミに憤激〟の見出し。FAZのソウル発特派員伝（〇六年八月十六日付）。

記事は、〝小泉首相の繰り返しの靖国参拝は中韓関係を最低点にした――〟。同日の『南ドイツ新聞』は〝アジアはコイズミに激怒〟の見出しで、〝コイズミは戦犯が祀られている神社を訪問――〟。

ヨーロッパのなかにもかなり深くある日本の戦争責任について「どうもおかしい。戦争の時代からずっと続いているんじゃないか」という感じを小泉氏はもう誤解の余地のないほど裏付けた。

「ある国家が、犠牲者の方々に対して犯した不正を不正として認めず、――（略）――不正として認めることを拒否すれば、犠牲者の尊厳を永続的に侵し続けることにな」り、「あらたな紛争の火種ともなりうる」（ギュンター＝ザートフ、歴史家『世界』〇九年四月号）。

先の戦争で殺された数千万の人びと。残された家族。理不尽極まりない扱いを受けた人びとのあまりの悲惨さに、本人も遺族もその人生が壊れた。愛、思いやり、信頼等々、人間が生きていく上で欠かせない感情が消え抜け殻になってしまう。その犠牲者を弔うために、遺族も「死者のために死ぬことなく」、社会は儀式を必要とする。巫女(シャーマン)がそれであり、国家レベルでは「無名戦士の墓」や広島・長崎等の紀念碑がそれだ。遺族は亡き人の魂の鎮魂を祈り、自分たちの再生に向け一歩を踏み出す。

東京大空襲の被災者たちは、年をとるにつけ空襲当時の出来事が、侵入性回想《フラッシュバック》となって苦しむようになる。なぜ、あのとき母親を助けられなかったのか……。「この被害を無視されつづけてきたつけが、いまおこっている――」(野田正彰)。ナチ犯罪の犠牲者にも同様な症例があると精神科医の同氏は指摘する(『東京新聞』〇八年十二月十九日付)。

BdVの人びとや、ソ連兵に強かんされた数知れない女性たち。彼らも同様な侵入性回想に苦しめられているだろう。彼らが自分たちや死んでいった家族のために紀念碑、あるいはまずその事実を社会に認知され、昇華のための行為が営まれるべきだと要求するのは間違っていない。それなしでは先に進まない。その後に空襲の被害者は、日本なら日本軍による中国重慶への空爆の被害者にも思いをはせることができる条件が整うし、ドイツなら、ロシア人女性たちの運命にも思いが向けられるだろう。それはドイツならEU市民になるための通過儀礼ともいえるだろう。

被害者の真摯な思いを利用する政治家たちが現われる。ドイツではシュタインバッハ氏が〝追放の日〟を設けるように政府に要求し始めた(日刊紙BZ、〇七年八月二十日付)。

日本では、靖国参拝を外圧に屈するな、と面子の問題にすりかえた手口がそれだ。参拝を支持した評論家、俳優、等々……。(注4)

一九九三年から二〇〇三年まで、中国にとり日本は最大の貿易国だったが、〇四年からはEUが一位で米国が二位になった。日本は現在（〇七年）まで三位だ（ジェトロ・貿易投資白書、二〇〇二年版～二〇〇八年版）。小泉首相の断固たる態度は、中国側の輸送費が高くついてもＥＵに発注するという態度――ドイツのテレビが「日本には注文したくない」という中国人の企業家の声を伝えていた――を生み、一方、島国では「国家の気概を示した」（『産経新聞』〇六年八月十六日付）と感動する人たちもすくなからずうんだ。

有力な自民党政治家が、戦後六〇年営々として築きあげてきたアジア諸国民の反日感情を頂点にまで持っていったのが小泉さんだ。誰も日本の謝罪など本気にしない。アジアの人びとには北朝鮮の動向より日本軍の動向により関心が高いのは当然だろう。

米国でさえ心配する。

「日米安保を強化すると米国はアジアの中で孤立してしまう」と民主党左派から懸念の声が出ると、（前）米国安全保障会議部長は語る――（『赤旗』〇七年七月十二日付）。ニューヨークタイムスの麻生太郎新総理の論評。――「米国が最も必要としているのは責任ある戦略的パートナーとしての日本であって、アジアから怒りを買うような帝国主義を空想し、力を誇示するような政府ではない」。「好戦的な民族主義者」不穏当な首相論評――の見出しで、記事はニューヨークタイムスの論評を批判している。（『産経新聞』〇八年九月二十七日付）

将来、米国がアジアで日本軍を手先に軍事作戦を展開しようにも、日本軍を投入した途端、米国は大義を失い全アジアが一丸となり〝反日〟に結集しかねない困った状況だ。

米国議会下院本会議が、従軍慰安婦問題で日本に謝罪要求決議を採択（〇七年七月）したのも、すこしは近代的な資本主義国として整合性を持たせようという親心ともいうべきなのに、媚米派（土下座派）の代表格である産経新聞などはそれを理解せず、いまだに従軍慰安婦を謝罪した河野官房長官談話に咬みつく始末だ（『産経新聞』〇八年九月十九日付）

世界では理不尽な死に方をしいられた人たちの検証と、その原因に目が向けられる。

「歴史の記憶法」――スペインのフランコ独裁時代に迫害された人びとの権利確認と救済を目的にした法律（『産経新聞』〇八年七月三十一日付）。米下院、黒人奴隷制謝罪。（東京新聞、〇八年七月三十一日付）。米議会、（戦時下の）日系人の強制収容並びにハワイ王国の転覆（一八九三年）に対し、それぞれ一九八八年、一九九三年に謝罪決議（『赤旗』〇八年七月三十一日付）。

ちょっと挙げただけでも、世界は決して過去を水に流しはしないことがわかる。さきの従軍慰安婦問題では、カナダとオランダ下院で〇七年十一月に、翌十二月にはEU議会で日本政府に謝罪を求める決議がなされた。アジアでは〇八年十月の韓国国会、翌十一月の台湾立法院で同様な決議が採択された。また国連規約人権委員会の「最終見解」でも謝罪を求められた（〇八年十月）。

日本はたいへん困難な状況にある。しかし、日本の精神的な魔術師たちがそれを救う。

たとえばルポライターの早坂隆氏。氏は「世界は概ね親日的である」とする。その根拠は英BBCと米国の大学との共同世論調査の結果で「世界に最も好影響を与えている国」として日本が一番になったからだ。これは氏が五〇カ国近い国を取材して得た「実感」でもある。したがって「反日」を利用している「御近所さん」の数カ国を除き、「日本が世界から孤立する」「アジア各地で日本バッシングが起きている」といった誤った情報を流すのは悪しき左翼思想の残骸だ。さらに氏は、ルーマニア滞在中日本人は「優秀」「頭がいい」といわれたとだめを押す（早坂隆、『東京新聞』夕刊「自虐主義はほどほどに」、〇七年四月五日付）。

たいへんめでたい話だが、こんな意見もある。たとえば、文学者の加藤周一氏――

「初歩的な話になって恐縮だが、外国人が日本に就いて考えていることと、当の日本人に向かって喋るだろうこととは、原則としてはちがうのがあたりまえである。その程度のことをわきまえない見聞記の結論などは、まじめにうけとるわけにゆくまい」（加藤周一著作集第八巻）。

ところで「世界に最も好影響を与えている」って一体何のこと、何の分野で「好影響」を与えているの。日本人の倫理観なのか経済なのか。景気のよい話だが要領を得ない。その世論調査に「戦争犯罪人を祀っている宗教施設にその国の首相が参拝し、かつ国民の半分がそれを支持するような国をどう思いますか」とつけ加えたら結果はどうなっていたろう。

五〇カ国近くは取材していないが私も海外で生活をしたので、日本の漫画に人気があるのは知っている。それが低俗の象徴であることも。「うちの娘が日本のばかマンガに凝って困った」と何人かのドイツ人にいわれた。日本のポルノアニメもヨーロッパでは有名だ。フランスではロワイヤル社会党党首が日本の社民党の福島瑞穂氏との会談で日本のポルノアニメについて言及している。（注5）宮崎駿や高畑勲などのアニメ――これは世界中で感動をよんでいる――によってかろうじて日本は面子を保っている。

そのマンガに関して独・仏共同制作で日本のあるマンガについて特集番組を組んだ。確か、〇四年だった。私はその番組を見ていないが、見たドイツ人によるとそのマンガ――日韓関係を扱った物

――では、劇中日本人を描くときは「紅毛人顔」――目の大きな長い鼻――で、韓国人の描写は「アジア人顔」――目の細い、頬骨の高い――とし、日本人顔は高級というように描いていると同番組で伝えていたとのこと。まさか、明治以来の自虐主義――日本人はミットモナイ――の根幹を突くものが、当のヨーロッパの地で特集されるとは思わなかった。覗き込むように私を見る友人に、ヤバイ、ばれたかと動揺を抑え、苦笑でその場をやっと誤魔化した。帰国して調べたら『マンガ嫌韓流』（山野車輪著、晋遊舎）のことらしい。

以上まとめると、躍進著しい中国や韓国に対し、嫉妬に身を火照らす島国のアジア人が、彼らにあらん限りの罵倒――それはもっともらしい人権問題から低俗な戦前に使われていた蔑称まで――を夢中で投げつけているのが、いまの日本国の状況と考えていいだろう。私はそれを恥ずかしいと考える。ナショナリストだから。

ドイツの若者と話して彼の顔が輝いた。それはウィリー＝ブラント首相のワルシャワゲットーでのユダヤ人犠牲者記念碑で跪く姿に話題が及んだときだ。そう、彼（彼女）には誇れる人がいる。日本にはブラントのような国際的に誇れるような人物がいない。いても布施辰治(注6)や小林多喜二のような〝赤〟で、保守政府の望むところとは違う。彼らが喜ぶのは徳川家康とか東郷平八郎とかそんなのばかりだ。あるいは自然物では富士山だ。司馬遼太郎さんが多くの読者を得ているのは、そんなのばかり書いているからだ。でも徳川家康に匹敵する人物や富士山級の山など世界中にあるだろう。

神武以来現在まで日本国では万事うまくいっていると主張する試みは、戦前、戦中すでにあったが、世界中から賞賛の声が届いたとは聞かない。

保守政治家は「今の日本には行き過ぎた個人主義が蔓延っている」というが、日本には個人主義はなく、あるのは「私生活主義」（寺島実郎）だ。

「不払い残業代が〇六年度に一六七九社に及び、労働基準監督署の指導で二二七億円が十八万人の労働者に改めて支払われた」（『毎日新聞』〇七年十月十日付）。

日本のどこに行き過ぎた個人主義があるのか。自分で働いた分でさえ周囲を憚って請求できないこの国に。私生活主義は「自分は干渉しないから、あなたもしないでね」という弱虫同士の安全保障条約にすぎない。大勢に逆らうのはこわい。しかし私生活では、電車内で携帯電話で大声を上げようと「自分の権利」だ。こういう国でのナショナリズムは情緒に流され一丸となる。もともとナショナリズムにはそのような要素がある。そのうえ、さらにだ。自分が偶々《たまたま》生まれた国、その文化を愛し、楽しみ、それを人生の糧として自己実現をはかる前提には個の確立がいる。個人主義社会と集団主義社会とではナショナリズムもずいぶん異なる現われ方をする。

日本にはもう少しドイツ的要素を、ドイツにはもう少し日本的要素をと思う。前者は対外問題でのドイツの態度（の一部）であり、後者はまず、自分が正しいという大前提を疑わない傲慢さに日本的態度、中庸、あるあいまいさを学んだらと思うのだが――。

注

注1　〇六年七月、イスラエルはレバノンにある反イスラエル勢力のヒズボラによって二人のイスラエル

兵が誘拐されたことを口実にレバノンに侵攻。レバノン側は約一三〇〇人の死者を出し、イスラエル側は約一六〇人の死者を出した。

注2　戦前東ドイツ地帯――ポメルン、東プロイセン、シュレージェンでは五〇パーセント以上がナチ党に投票した。（以上、DIE ZEIT Nr.23　〇四年五月二十七日）

注3　〇八年十二月から〇九年一月までつづいたイスラエル軍によるガザ住民虐殺により、パレスチナ人の死者は一三〇〇人以上に上った。イスラエル側の死者は十三人。これは「戦闘」ではないだろう。岡真理京都大学准教授は「ガザの住民は――略――ヨーロッパのユダヤ人により、虐殺やレイプ、強制追放など民族浄化でパレスチナから追い払われ、難民となった者たち」で、イスラエルもハマスもどっちもどっちという報道に「なぜイスラエルの抑圧とパレスチナ人の抵抗を同じ『暴力』で一括するのか」と、疑問を呈している。（週刊『金曜日』〇九年一月二十三日号）

「妊婦撃てば二人殺害」のTシャツを着用。ガザ虐殺に参加したイスラエル兵が、アラブ人妊婦に照準を合わせた絵に「一発で二人殺害」の文字を入れたTシャツを着用。「内輪の冗談」と兵士たちは説明した（『熊本日日新聞』〇九年三月二十五日付け）。

パレスチナ側の死者一三三〇人のうち、こども四三七人、女性と老人は二三三人である（『DAYS JAPAN』09年3月号）。「冗談」ではなかったと思われる。

注4　たとえば、俳優の児玉清氏や評論家の宮崎哲弥氏など。児玉氏は「なぜ他国の干渉を受けなければならないのか」とし、中国の反対に「反日運動こそ謀略だ」とする（『文藝春秋』〇五年七月号）。また宮崎氏は、テレビなどで従軍慰安婦――戦中、日本軍兵士の性の処理のために連れてこられた朝鮮人の

女性たち――についても謝罪の必要はないと発言している。

注5　ロワイヤル氏は、以前日本のマンガについて「女性を虐げている」と批判していた。今回、彼女は福島氏に「マンガの女性表現の問題は」と質問した。（『朝日新聞』〇六年十二月二四日）

注6　布施辰治（一八八〇～一九五三）弁護士。布施は戦前戦後、朝鮮独立あるいは日本在住の朝鮮人の人権擁護に尽くした弁護士。〇四年十月、韓国政府は建国勲章愛族章を故人に贈った。

あとがき

経済問題がうしろの自分の席にひきさがり、われわれの本当の問題――人生と人間関係と、創造、行為、宗教の問題――によって心と頭が占められる日が遠からずやって来ることを、私は、すべての私の不吉な予言にもかかわらず、なお望みかつ信じています。

ケインズ

〇八年春、ライプチヒでの出来事だった。夕方の停留所でパンクロックの若者たち数人が目の前を通り過ぎた。私たちの未来だ、年輩のドイツ人の男性が言った。わっと私たちは笑う。

一九八八年九月、私は留学生としてライプチヒの地に立った。二〇年が過ぎた。すっかり厚顔の美中年になった私。腰痛持ちだ――。

この二〇年は、私の身体上の変化だけではなく世界史の大転換期であった。冷戦崩壊から〇一年九月の米国でのテロは、未来を予測することの虚しさを教えてくれる。しかし、人間を土台にし未来を占うことはできる。現在二〇歳の若者を観察し彼らが社会の中枢を占める三〇年後を推し測ることは、三〇年の間に世界で何が起こるかを予測するよりは可能だ。

取材中、わたしは〝おれにとってのナショナリズムとは〟と自問自答することがあった。あえていえば本書もその答えの一つだ。欧米から、つねに研究の対象とされる非欧米社会の一員であるわたしは、今度はこちらが彼らを観察分析してやれと。――

私には生来右翼的な体質がある。長くドイツという国で生活したことでそれが強くなった。

十九世紀の末、博物学者の南方熊楠がロンドン滞在中、孫逸仙（孫文）に一生の所期はと問われ、〝願わくは我われ東洋人は一度西洋人を挙げてことごとく国境外へ放逐したき事なり〟と答えた。どうしても喝采してしまう自分がいる。

この正しくない感情は、だが、私を深く規定しているナショナリズムだ。

しかし、私の右翼的な要素はさすがに戦前の狂信的天皇崇拝には向かわなかったし、また自称ナショナリストの産経系文化人の論理など噴飯ものだ（その理由は本書中に間接的にふれている）。文学者の加藤周一氏や経済学者の森嶋通夫氏の両氏が、生前たいへん力をいれて提唱した「東アジア共同体」構想に、私は自分のナショナリズムの落ち着き場所を見出した。それは親分をアメリカから中国に乗り変えることではない。西洋に支配されたからこちらもし返す、というものでもない。それは国同士、人同士の対等な関係の構築（目的）を目指すための手段だ。

それは大事業といえるだろう。しかしその困難は決意さえすれば乗り越えられるはずのものだと考えるから、二二、三世紀頃には共同体の中で日本はそれなりの役割を担うだろう。もしそうなれば、その頃の日本はいまの日本とは異なるだろう。南北に長い日本列島が東京に支配されるといういびつな構造は改められなければならない。九州・沖縄なら朝鮮半島、中国の上海、さらには東南アジアまでを含んだ文化・経済圏がつくられ――、そうなれば日本はあっても日本国は解消しているのかもしれない。そんなことをいま私は考えている。

取材に当たりは実に多くの方々に助けていただきました。名を挙げて謝意を表します。

In Sachsen

Herbert Schmidt, Manfred Hellmund, Petra Epsch, Christian Glaser, Helena Lindacher, Nadeshda Lenzendorf, Andreas Reer, Susann Weien, Bernd Jäger, （Deutsch Russisches Zentrumzu Leipzige. e. v,）. Herta Hellmund, Claus Baumgart, Monika und Hartwig Runge, Herbert Leicht, Noormurad Rafiq-Dost, Samehulla Ahmadi, Bruno Lejsek, Günter Mensch, Agnieszka Lada, Bernd Karwen/Michal Maliszewski（Polnisches Institut Leipzig）, Jorg Depta, Robert Christiauen, Thomas Kupfer, Ingo Stange, Jamil Jawabra, Miro Jennerjahn, Werner Seichter, Hans Adolf-Grebart, BaraSarr, Andreas Storr（NPDinSachsen）Peter Hild（Gedachtnisstatte. e. V）, Volkmar Wölk/Kerstin Köditz（Die LINKE in Sachsen）, Max Duscha, Irmgard Schafer, Inge Scharrer（BdVinLeipzig）, John Michael Lopez, Khaya Maksowna Schur, Dietmar Bandiss,

In Berlin

Christoph Bergner, Ricardo Fonseca, Sigmount A. Königsberg, Judith Kessler, Nicola Lau, Burghard Acttenberg, Rüdiger Jakesch, Alexander Rupp, Hikmet Genctürk, Emine Can, Minh Cao Nhat,

Wieslaw Pulawski, Titus Hopp, Hermann Eberlein, Ostrovski Tatiana, Klaus Beier/Frank Schwerdt (NPD in Berlin),

ポーランド

Daniel Gajewski、アダムスケビッチ大学、日本語学科並びにドイツ語学科の教師ならびに学生 Michal Ptaszynski, Aleksandra Koztowska さん。

現代書館の皆様にもたいへんお世話になりました。素晴しい装丁をして下さった渡辺将史氏、きめ細やかな編集をして下さった吉田秀登氏に改めてお礼を申し上げます。

最後に私事になるが、四月、肺癌のため逝った母・平野八重子に本書を捧げることをおゆるしいただきたい。

二〇〇九年七月六日

平野　洋

（ドイツに帰還したドイツ本国以外のドイツ人たち）

（万進法）	旧ソ連	ポーランド	旧チェコ・ソロバキア	ハンガリ	ルーマニア	旧ユーゴスラビア	それ以外の国	計
79	7226	3,6274	1058	370	9663	190	106	5,4887
80	6954	2,6637	1733	591	1,5767	287	102	5,2071
81	3773	5,0983	1629	667	1,2031	234	138	6,9455
82	2071	3,0355	1776	589	1,2972	213	194	4,8170
83	1447	1,9121	1176	458	1,5501	137	85	3,7925
84	913	1,7455	963	286	1,6553	190	99	3,6459
85	460	2,2075	757	485	1,4924	191	76	3,8968
86	753	2,7188	882	584	1,3130	182	69	4,2788
87	1,4488	4,8423	835	581	1,3944	156	46	7,8523
88	4,7572	14,0226	949	763	1,2902	223	38	20,2673
89	9,8134	25,0340	2027	1618	2,3387	1469	80	37,7055
90	14,7950	13,3872	1708	1336	11,1150	961	96	39,7073
91	14,7320	4,0129	927	952	3,2178	450	39	22,1995
92	19,5576	1,7742	460	354	1,6146	199	88	23,0565
93	20,7347	5431	134	37	5811	120	8	21,8888
94	21,3214	2440	97	40	6615	182	3	22,2591
95	20,9409	1677	62	43	6519	178	10	21,7898
96	17,2181	1175	14	14	4284	77	6	17,7751
97	13,1895	687	8	18	1777	34	0	13,4419
98	10,1550	488	16	4	1005	14	3	10,3080
99	10,3599	428	11	4	855	19	0	10,4916
2000	9,4558	484	18	2	547	0	6	9,5615
01	9,7434	623	22	2	380	17	6	9,8484
02	9,0587	553	13	3	256	4	0	9,1416
03	7,2289	444	2	5	137	8	0	7,2885
04	5,8728	278	3	0	76	8	0	5,9093
05	3,5396	80	4	3	39	0	0	3,5522
06	7626	80	1	0	40	0	0	7747
07	5695	70	5	1	21	0	0	5792
2008	4301	44	0	0	16	0	1	4362
総計	233,8635	144,4891	10,5095	2,1411	43,0117	9,0378	5,5717	448,6244

ドイツ本国以外のドイツ人の受け入れは1950年から始まり、現在（09年）も続く。その中の最大のグループが露系ドイツ人たちである。表はここ30年間のもの。

平野　洋（ひらの　よう）
一九六〇年、横浜生まれ。
ルポライター。著書に『伝説となった国・東ドイツ』『東方のドイツ人たち』（ともに現代書館）がある。

ドイツ・右翼の系譜
――21世紀、新たな民族主義の足音

二〇〇九年七月三十一日　第一版第一刷発行

著　者　平野　洋
発行者　菊地泰博
発行所　株式会社　現代書館
東京都千代田区飯田橋三―二―五
郵便番号　102-0072
電　話　03（3221）1321
ＦＡＸ　03（3262）5906
振　替　00120-3-83725
組　版　日之出印刷
印刷所　平河工業社（本文）
東光印刷所（カバー）
製本所　矢嶋製本

校正協力・山木美恵子
 ISBN978-4-7684-5613-2
定価はカバーに表示してあります。乱丁・落丁本はおとりかえいたします。
http://www.gendaishokan.co.jp/

活字で利用できない方のための
テキストデータ請求券
『ドイツ・右翼の
系譜』

現代書館

渡辺一男 著
オーストリア日記
ドナウ河畔の田舎町で

大学助教授の職を辞し、オーストリアの小都市に渡った50代の男性が新たな人生を歩み出す。オーストリア女性との結婚、新たな家族、転職等をとおして欧州の小さな町からEU拡大やネオナチの諸問題を詳かにする。成熟した筆致が異文化を鮮やかに捉える。

2200円＋税

鈴木常浩 著
モスクワ地下鉄の空気
新世紀ロシア展望

ロシアの首都にはもう一つの顔がある。都市交通網として拡大を続けたモスクワ地下鉄に秘められた歴史を探り、革命と戦争、スターリン主義と冷戦を経て今日に至るロシア現代史の激流を、モスクワ長期留学を経験した日本青年が描く。

2300円＋税

文、絵・C・スズラックマン／中道久純 訳
ユダヤ教
フォー・ビギナーズ・シリーズ 100

現代世界を動かすインセンティブの一つである、ユダヤ人とは何者なのか。ユダヤ教徒をユダヤ人と呼ぶが、ではユダヤ教とはどんな宗教か。キリスト教ともイスラム教とも違うがこの三つの宗教は根は同じセム族一神教だ。では、ユダヤ教とは？

1200円＋税

文・杉浦敏子／絵・ふなびきかずこ
ハンナ・アーレント
フォー・ビギナーズ・シリーズ 101

ドイツ系ユダヤ人でハイデガーの下で哲学を学びフランス、後にアメリカに亡命したアーレント。全体主義に対する緻密な分析、全体主義の思想的原因を論じ、大衆社会化状況への確かな洞察などで今ますます注目される彼女の生涯と思想を詳解。

1200円＋税

文・M・トス／絵・P・ブシニャック／柴田耕太郎 訳
ブレヒト
フォー・ビギナーズ・シリーズ 83

詩人にして劇作家。表現主義からマルクス主義的独自の演劇論を打ち立てたブレヒトの生涯と思想、作品論を分かりやすく解説。戯曲、詩、小説、放送劇、物語、シナリオ等、多方面にわたって活躍したブレヒトが今、蘇り、身近な存在になった。

1200円＋税

文・J・コリンズ／絵・H・シラィナ／椋田直子 訳
ハイデガー
フォー・ビギナーズ・シリーズ 87

「基礎的存在論」と自らの哲学を呼んだハイデガーの哲学を、キルケゴール、フッサール等からの影響から説き起こし、現代思想への影響までを分かり易く解説。『存在と時間』の解説に多くのページを割きながら、ハイデガー思想の全容を解明。

1200円＋税

定価は二〇〇九年七月一日現在のものです。